아이가 집중하기 시작했다

Les Petites Bulles de l'attention : Se concentrer dans un monde de distractions
by Jean-Philippe Lachaux

© Odile Jacob, 2016
Korean translation copyright © Bookhouse, 2020

This Korean edition was published by arrangement with Éditions Odile Jacob
through Sibylle Books Literary Agency, Seoul

집중력을 키우는 단순한 습관

아이가
집중하기
시작했다

장필리프 라쇼 지음 | 이세진 옮김

북하우스

언제나 귀여운 나의 꼬마 늑대들에게

"피곤하지 않은 상태로 집중해서 20분 공부하는 것이,
눈썹에 힘주고 세 시간을 버티고 나서 의무를 다했다
는 기분으로 '나 열심히 공부했어!'라고 말하는 것보다
훨씬 낫다."

−시몬 베유, 『신을 기다리며』

이 책은 영유아, 어린이, 청소년에게 적합한 집중력 개론서입니다. (그러나 어른이라고 해도 덩치만 자란 아이라면 해당사항이 있겠지요.) 이 책은 만화 속 이미지에 빗대어 집중력이란 무엇인지, 집중력이 어떻게 기능하는지 설명합니다. 또한 좀체 다루기 힘든 집중력을 내 것으로 만드는 실질적인 방법들을 제안합니다. 중요한 것은 메타인지, 즉 자기 자신의 정신활동을 잘 파악하고 일상생활 속에서 그 활동을 관찰하는 것입니다. 소크라테스도 "너 자신을 알라"고 강조하지 않았던가요.

이 책을 읽는 방법은 여러 가지가 있으므로 여러분이 자신에게 맞는 방법을 골라야 합니다. 텍스트는 제쳐놓고 만화만 단숨에 읽어도 좋고, 여기 읽다 저기 읽다 해도 좋습니다. 아마 연령이 낮은 독자일 수록 그런 식으로 읽는 게 쉬울 겁니다. 그렇지만 좀더 나이가 있는 독자라면 이 책의 2부 심화 내용도 읽을 수 있을 테지요. 2부는 정보를 좀더 정확하고 명쾌하게 제공하기 위해서, 그리고 만화에서 다룬

주제들을 (무엇보다도) 실제로 적용해보고 주의력 훈련을 구체적으로 할 수 있도록 구성했습니다. 2부는 아이들과 함께 이 책을 읽는 부모님들이나 선생님들을 위한 지면이기도 합니다. 이 책 사용법을 요약하면 다음과 같습니다.

- 여러분이 할머니 할아버지라면 손주들에게 이 책을 읽어주세요. (그리고 이 책에서 건네는 조언들을 기탄없이 따라보세요.)
- 여러분이 어린아이를 둔 부모라면 마찬가지로 이 책을 읽어주세요. 자녀가 이미 청소년이 되었다면 (텔레비전이나 컴퓨터, 다른 디지털장비가 없는) 거실에 이 책을 무심하게 놓아두세요.
- 여러분이 중학생이라면 만화뿐만 아니라 2부의 글까지 다 읽는 성숙한 태도를 보여주세요.
- 여러분이 초등학생이라면 만화를 읽어보세요. 잘 이해가 안 되는 부분은 부모님에게 설명해달라고 하세요. 또 작고 귀여운 뉴런들을 종이에 한번 그려보세요!
- 여러분이 유치원생이라면 잠들기 전 어른들에게 만화를 읽어달라고 하세요. 모르는 단어는 설명해달라고 하세요.
- 여러분이 아직 유치원에도 들어가지 않은 아이라면 조금 기다려주세요. 기다리는 동안 책을 찢어서 입에 넣거나 종이에 손을 베면 안 돼요.

차례

1부
집중하는 뇌와 산만한 뇌

"뇌에 대해 배우는 거 너무 재미있어요."
(엘자, 만 다섯 살)

집중해!

학생들은 좀더 집중하라는 말을 자주 듣습니다.

집중해!

어이쿠!

얌전히 말을 잘 듣는 것과 집중하는 것은 전혀 다릅니다.

집중 못함

완전 못함

집중한다고 볼 수 없음

Z Z z

여러분도 다른 사람의 주의력을 끌어보려고 애써보면 단박에 알 수 있을걸요.

상대가 내 말을 정말로 잘 들어야지, 그냥 입만 다물고 있다고 듣고 있는 건 아니죠.

집중한다는 것은 잘 듣고, 잘 이해하고, 잘 보고, 잘 기억하기 위해서 뇌의 에너지를 하나로 모으는 거예요.

집중을 하면 더 빨리 배우고, 더 잘 배우고, 힘도 덜 듭니다.

집중력이 나쁜 경우

집중한다는 건 뭘까?

집중을 하면 무슨 일을 하든 잘 해낼 수 있고 재미도 있습니다.

땡큐, 땡큐 베리 머치!

문제는 주의력이 여차하면 사방팔방 흩어진다는 거죠.

집중력은 표적을 꽉 붙들어놓고 있는 거예요.

말하자면, 평균대 위에서 떨어지지 않게 균형을 잡고 버티는 것과 비슷해요.

집중력 역시 떨어지지 않고 안정적으로 유지하는 법을 배워야 합니다. 학교에서든 학교 밖에서든 얼마든지 배울 수 있어요…

바로 여기서 일어나는 일이죠.

…주의력과 충돌하는 우리 뇌 속의 여러 힘을 이해하기만 한다면요.

일하는 뇌

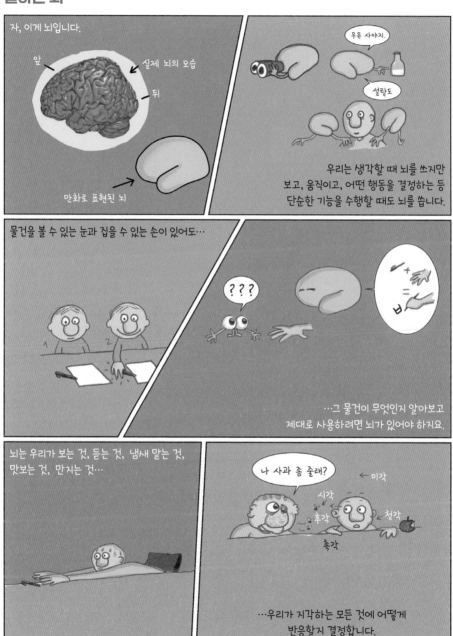

뉴런은 1000억 개

뉴런의 특화

예를 들어, 파란색 물건을 찾을 때는 파란 것을 탐지하는 뉴런들이 일해야 합니다.

이때 우리의 주의력은 파란색을 띠는 것에 집중되지요.

맞춤법이 틀린 단어나 기타 선율에 집중할 때도 마찬가지입니다. 그때그때 해당 특징을 탐지하는 뉴런을 깨워야 합니다.

뇌 안의 다른 영역에는 신체를 움직일 때 쓰이는 뉴런들도 있고요.

뚝

뚝

1

2

말할 때, 일어설 때…

뉴런들 덕분에 여러 가지 근육을 순서에 맞게 움직일 수 있어요.

오케이, 대장!

펜 집어들기

…그래서 글쓰기처럼 복잡하면서 정확성을 요하는 동작도 할 수 있는 겁니다.

좋아한다, 좋아하지 않는다

어떤 뉴런은 사물을 보고 습관적으로 하는 일을 기억해내는 데 쓰입니다. 펜이 보인다고요? 펜은 손에 쥐라고 있는 거죠!

나가!

이 뉴런들은 우리가 매번 습관적으로 하는 행동을 하게 해줍니다. 종이 쳤다고요? 그럼 교실 밖으로 나가야죠!

마지막으로, 우리가 좋아하는 일과 그렇지 않은 일을 기억하는 뉴런들도 있습니다.

연주 점수
0점

이 뉴런들은 다른 뉴런들에게까지 우리가 하기 싫은 일을 하지 말라고 명령합니다.

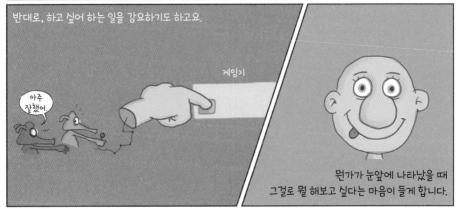

반대로, 하고 싶어 하는 일을 강요하기도 하고요.

아주
잘했어.

게임기

뭔가가 눈앞에 나타났을 때 그걸로 뭘 해보고 싶다는 마음이 들게 합니다.

중독

하지만 이 뉴런들에게 너무 휘둘린다면 여러분의 뇌는 그 뉴런들에게 지배당하고 말 겁니다.

잠깐만, 30초만.

여러분은 그 뉴런들이 좋아하는 것만 하게 될지도 몰라요.

이게 바로 특정한 활동에 '중독될' 때 일어나는 현상이죠.

그러면 나머지는 될 대로 되라는 기분이 들어요.

이 뉴런들은 흥분을 잘 하고 부산스럽고 휙휙 변하는 것을 좋아하고…

휙휙!
오오…

싫어!

너무 조용한 분위기에는 의기소침해합니다.

팀플레이

각각의 뉴런은 한 가지 일밖에 할 줄 모르지만 그 일을 아주 잘합니다.

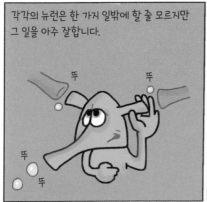

그래서 복잡한 일을 수행하려면 다양한 뉴런이 한 팀이 되어야 합니다.

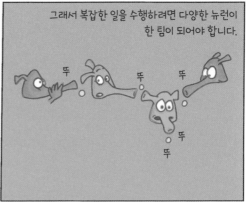

뉴런마다 자기가 좋아하는 뉴런들과 네트워크를 만들어 친구가 됩니다. 사실 우리도 그렇지 않나요?

뉴런들도 자주 함께 일하다 보면 친구가 되는 거죠.

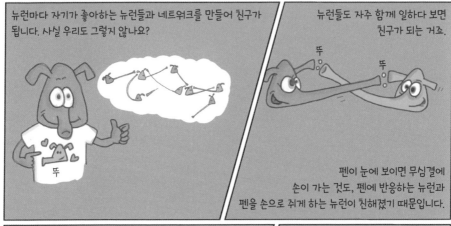

펜이 눈에 보이면 무심결에 손이 가는 것도, 펜에 반응하는 뉴런과 펜을 손으로 쥐게 하는 뉴런이 친해졌기 때문입니다.

이 뉴런들이 깨어나자마자 메시지를 보내서…

…그저 펜이 눈에 띄었을 뿐인데 어느새 낙서를 하고 있게 되는 거죠.

마리오네트 모드

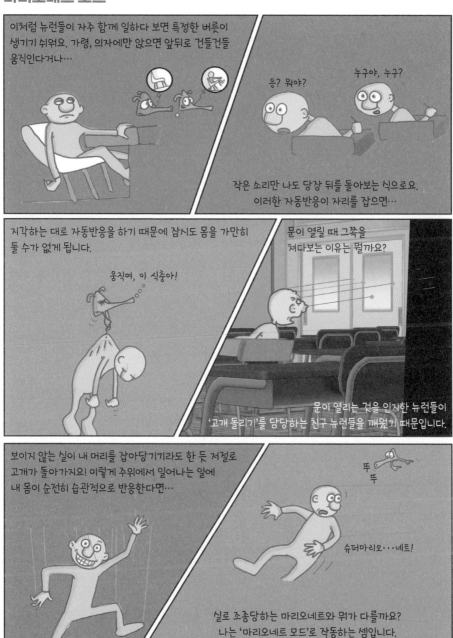

이처럼 뉴런들이 자주 함께 일하다 보면 특정한 버릇이 생기기 쉬워요. 가령, 의자에만 앉으면 앞뒤로 건들건들 움직인다거나…

응? 뭐야?

누구야, 누구?

작은 소리만 나도 당장 뒤를 돌아보는 식으로요. 이러한 자동반응이 자리를 잡으면…

지각하는 대로 자동반응을 하기 때문에 잠시도 몸을 가만히 둘 수가 없게 됩니다.

움직여, 이 식충아!

문이 열릴 때 그쪽을 쳐다보는 이유는 뭘까요?

문이 열리는 것을 인지한 뉴런들이 '고개 돌리기'를 담당하는 친구 뉴런들을 깨웠기 때문입니다.

보이지 않는 실이 내 머리를 잡아당기기라도 한 듯 저절로 고개가 돌아가지요! 이렇게 주위에서 일어나는 일에 내 몸이 순전히 습관적으로 반응한다면…

뚜
뚜

슈퍼마리오…네트!

실로 조종당하는 마리오네트와 뭐가 다를까요? 나는 '마리오네트 모드'로 작동하는 셈입니다.

좋은 습관, 나쁜 습관

잘 알아두세요, 어떤 습관들은…

…생각하지 않고도 재빨리 반응하게 해주기 때문에 유용합니다.

때로는 굉장히 도움이 되지요.

길을 건너기 전에 좌우 살피기, 자전거 타기, 운전하기…

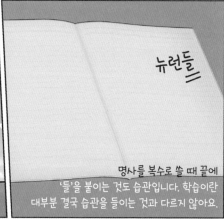

뉴런들

명사를 복수로 쓸 때 끝에 '들'을 붙이는 것도 습관입니다. 학습이란 대부분 결국 습관을 들이는 것과 다르지 않아요.

작은 소리에도 뒤를 돌아보는 습관은 길을 건널 때 유용하지만 교실에서 공부를 할 때는 그렇지 않습니다.

따라서 우리는 습관을 따라야 할 때와 그러지 말아야 할 때를 알아야 합니다.

영화처럼

때로는 '어떤 대상을 탐지하는' 뉴런들이
눈앞에 그 대상이 없는데도 깨어날 수 있습니다.

이때는 현실에 없는 사물을
'머릿속으로' 본 것 같은 기분이 듭니다.

빨간 자전거를 생각해보세요. 그러면
빨간 자전거를 식별하는 일을 하는
뉴런들이 깨어납니다!

뚜

여러분 외에는 아무도 못 보는
혼자만의 영화를 볼 수도 있는 거예요.

머릿속으로 어떤 소리를 듣거나, 혼잣말을 하거나, 노래를 부를 수도
있으니… 마법 같지 않나요!

뚜
뚜

저녁때 놀아야지.

우오오오오!

이제 여러분이 공상에 빠질 때
어떤 일이 일어나는지 알겠지요?

23

머릿속으로

하지만 이 뉴런들이 놀거나 꿈꾸기만 하는 건 아니죠. 가령 이 뉴런들이 삼각형을 식별하는 뉴런들을 깨운다면…

머릿속으로 삼각형을 보고 그릴 수 있을 거예요.

그 뉴런들이 삼각형 그리기에 관여하는 친구 뉴런들에게 메시지를 보냈거든요.

머릿속에만 있는 이미지를 '심상'이라고 불러요.

심상은 이미지일 뿐만 아니라 소리일 수 있어요. 여러분은 베토벤의 <월광> 첫 소절을 떠올릴 수 있나요?

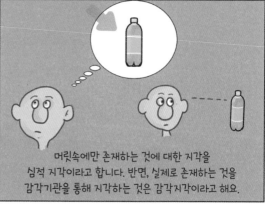

머릿속에만 존재하는 것에 대한 지각을 심적 지각이라고 합니다. 반면, 실제로 존재하는 것을 감각기관을 통해 지각하는 것은 감각지각이라고 해요.

생각만 해도 몸이 먼저…

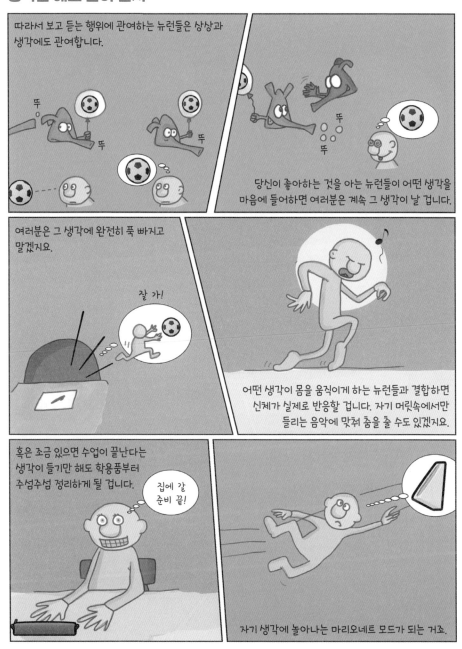

따라서 보고 듣는 행위에 관여하는 뉴런들은 상상과 생각에도 관여합니다.

당신이 좋아하는 것을 아는 뉴런들이 어떤 생각을 마음에 들어하면 여러분은 계속 그 생각이 날 겁니다.

여러분은 그 생각에 완전히 푹 빠지고 말겠지요.

어떤 생각이 몸을 움직이게 하는 뉴런들과 결합하면 신체가 실제로 반응할 겁니다. 자기 머릿속에서만 들리는 음악에 맞춰 춤을 출 수도 있겠지요.

혹은 조금 있으면 수업이 끝난다는 생각이 들기만 해도 학용품부터 주섬주섬 정리하게 될 겁니다.

자기 생각에 놀아나는 마리오네트 모드가 되는 거죠.

심적 행위

다른 사람들에게는 관찰되지 않는, 심적 행위라는 것도 있습니다.

머릿속으로 고양이를 그리거나, 혼잣말을 하거나, 오른손을 움직인다고 상상해보세요.

이런 행위는 실제로 신체를 움직이는 물리적 행위가 아닙니다. 오로지 머릿속에서만 이루어지는…

'심적' 행위예요.

행위란 여러분이 하기로 마음먹을 수 있는 그 무엇입니다.

내 이름은…

톰입니다.

근육을 사용하는 행위도 있고 그렇지 않은 행위도 있습니다.

우리는 항상 행위하고 있습니다. 눈으로 볼 수 없는 행위라고 해도 말이죠!

여러분 부모님은 안경을 썼나요?
어제저녁에는 무엇을 먹었나요?
'안공'은 바르게 쓴 단어인가요?
삼각형에는 변이 몇 개 있습니까?
이런 질문들에 답할 때도 심적 행위가 이루어집니다.

꿀벌의 춤

이제 주위를 둘러보세요.

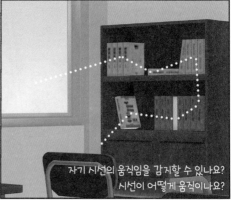

자기 시선의 움직임을 감지할 수 있나요?
시선이 어떻게 움직이나요?

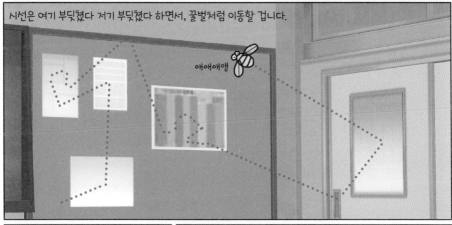

시선은 여기 부딪쳤다 저기 부딪쳤다 하면서, 꿀벌처럼 이동할 겁니다.

애애애앵

시선은 1초에도 몇 번씩
먼 곳으로 옮겨가거나
가까운 자리에서 왔다 갔다 합니다.

더 빨리!

재깍재깍

그러고는 매번 뇌가 계산해놓은 지점으로 향하지요.

저기!

여기!

내가 머무는 곳을 구경해봐

시선이 멈출 때마다 뉴런들은 주위를 살피면서 관심이 갈 만한 것을 찾습니다.

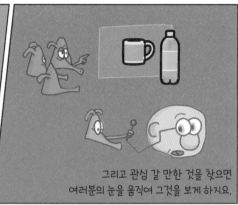

그리고 관심 갈 만한 것을 찾으면 여러분의 눈을 움직여 그것을 보게 하지요.

시선은 다시 움직이지요. 그러면 또다른 것이 보이고, 탐색도 다시 시작됩니다.

오오옷!

이 사람의 뉴런이 먼가를 감지했습니다. 눈동자가 막 움직이지요?

또다른 뉴런들은 그 물체가 펜이라는 것을 파악했습니다.

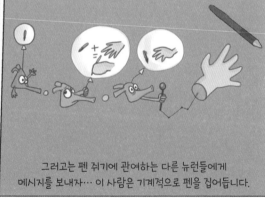

그러고는 펜 쥐기에 관여하는 다른 뉴런들에게 메시지를 보내자… 이 사람은 기계적으로 펜을 집어듭니다.

지각… 행위… 지각… 어이구야!

새로운 지각은 새로운 행위를 촉발합니다. 새로운 행위는 지각을 변화시키고요. 지각-행위-지각-행위… 어이구야!

뉴런은 너무 빨리 반응하기 때문에 "그만!"을 외칠 틈도 없어요.

뇌는 1초도 안 되는 순간순간 지각에 어떻게 반응할지 결정합니다.

따라서 우리는 쉽게 산만해집니다. 뇌도 때로는 실수를 하거든요!

골대를 잘 봐야 하는데 골키퍼의 표정을 살핀다든가,

수업시간에 선생님 말씀을 들어야 하는데 자기 머릿속 생각에 귀기울이기 바쁘죠. 주의력을 유지하기란 쉽지 않아요!

명령에 따르겠나이다, 폐하

그래도… 때로는 꽤 오랫동안 집중하게 되잖아요? 왜 그럴까요?

응? 응? 응?

우리를 돕는 '대장 뉴런'들이 우리 뇌의 앞부분에 있기 때문입니다.

나의 친애하는 동지들이여…

대장 뉴런들은 여러분이 뭔가를 하려고 할 때 이 애초의 의도를 떠올리고 '기억' 속에 저장합니다.

근사한 계획

의도란 여러분이 하려고 하는 일입니다. 가령 공을 어떤 구멍으로 차 넣는다든가, 어떤 음을 노래한다든가, 밑그림을 따라 삐져나오지 않게 펜선을 입힌다든가 하는 의도가 있겠지요.

대장 뉴런들은 어떤 행동에 들어가기 전에 이 행동이 여러분의 의도에 도움이 될지 안 될지 판단합니다.

조용히 해!

에구!

도움이 안 된다는 판단이 서면 '중단!'을 외치겠지요. 대장 뉴런들이 그럴 시간적 여유만 있다면 말이에요.

바람에 날리는 비닐봉지처럼

대장 뉴런이 없다면 우리는 동물처럼 습관적으로 하는 일, 하고 싶은 일만 하고 살겠지요.

실제로 질병 때문에 대장 뉴런이 파괴된 환자들은 굉장히 산만해지든가, 반대로 자기가 좋아하는 일에만 사로잡혀 다른 일을 하지 못하는 지경이 됩니다.

대장 뉴런이 피로해지면 리모컨으로 채널을 이리저리 돌려보거나 말초적인 프로그램에 '꽂히게' 되지요.

리모컨

사람이 바람에 이리저리 날리는 비닐봉지 비슷하게 되어버린다고 할까요.

문제는 대장 뉴런들이 쉽게 잠들어버린다는 겁니다. 그래서… 우리는 우리가 무엇을 하고 싶어했는지 금세 잊습니다.

?

쿨쿨

살 것

…

쿨쿨

바로 이 때문에 오랫동안 집중하기가 힘든 거예요.

지휘자는 누구?

대장 뉴런들은 오케스트라 지휘자처럼 다른 뉴런들에게 연주를 하라고 한다든가, 조용히 하라고 한다든가 명령을 내릴 수 있습니다.

자, 거기…

여러분의 의도가 파란 양말을 찾는 것이라고 칩시다. 대장 뉴런들은 파란색을 탐지하는 뉴런들에게 일을 시킵니다.

대장 뉴런들은 오른쪽에서 나는 소리를 듣는 뉴런들을 깨울 수도 있고, 게임 속 몬스터를 찾아내는 뉴런들을 깨울 수도 있습니다.

지각

뚜

젠장, 왜 나야?

그래서 대장 뉴런의 관심을 끌면 더 잘 지각할 수 있고 더 잘 집중할 수 있지요.

대장 뉴런들은 특정 행위를 담당하는 뉴런들을 깨우고, 여러분의 반응을 대장 뉴런들이 지각한 내용에 따라 조정할 수도 있습니다. 예를 들어 '말'이라는 단어를 듣는다면 여러분은 대장 뉴런들이 이끄는 대로 그 단어를 따라하고 손으로 직접 써보면서 말의 이미지를 떠올릴 수 있겠지요…

브라보!

감사합니다, 감사합니다.

한번 다르게 해볼까?

대장 뉴런들은 서로 잘 모르는 뉴런들을 불러모아
합주를 요청할 수 있습니다.

음... 안녕...

어... 안녕.

스퀘어

정사각형

손발이
안 맞잖아!

그래서 정사각형을 보면서
'스퀘어'라고 말하는 일이 생길 수 있지요.

정사각형을 인지하는 뉴런들과 '스퀘어'라는 단어를 말하게 하는
뉴런들이 함께 손발을 맞출 수도 있거든요. '정사각형'이라는 단어가
생각나는 대신 영어 단어가 먼저 생각나는 거죠.

스퀘어

뚜

스퀘어

안녕하세요

또 대장 뉴런들 덕분에 오른손잡이도
왼손으로 글씨를 써볼 수는 있습니다.

대장 뉴런이 없으면 반응 양식을 때와 장소에 맞게
조정할 수도 없습니다.

이봐, 영국에서는
좌측 주행이라고!

너 뭐야?

먀옹

늘 습관에 휘둘려 산만해질 거예요.

PIM(핌)!

집중이란 나의 의도를 관철할 때 무엇이 중요한지 지각하고, 제대로 된 뉴런을 활용하여 바람직한 행동 방식으로 반응하는 것입니다. 지각, 의도, 행동 방식, 이 세 가지를 PIM(Perception Intention Manière)이라고 합시다.

뉴런

뉴런

뚜

대장 뉴런들은 지각과 행동에 적절히 관여하는 뉴런들이 합주를 하게 함으로써 집중 상태를 유지시키지요.

축구선수가 스트라이크를 날릴 때는, 공의 형태를 '지각하는' 뉴런들, 공을 골키퍼에게서 가급적 먼 곳으로 보내려는 '의도'로 공을 발로 차는 법을 아는 뉴런들('행동 방식')이 동원됩니다.

ici

가수가 노래를 부를 때도 청중에게 자기가 불러일으키려는 감정을 전달하려는 '의도'로 자기 목소리를 조절하는 뉴런들('행동 방식'), 감정과 음악을 '지각하는' 뉴런들이 관여할 겁니다.

여러분이 하는 일마다 그에 해당하는 PIM이 있습니다. 그때그때의 지각, 의도, 행동 방식이 있다는 얘기죠.

수업에 집중할 때도요.

P (지각)   M (행동 방식)   I (의도)

안경   안경   안경

사전

안경

신호등을 보듯이

어떤 일은 정말로 집중해야만 해낼 수 있습니다.

가령 평균대 위를 걷는다고 생각해보세요…

따웅!

104,104

자, 이리 오렴

폭이 좁다 — 어려운 일을 해야 하는 경우
높이가 높다 — 집중하지 않으면 위험한 일인 경우
길이가 길다 — 집중력을 장시간 유지해야 그 일을 해낼 수 있는 경우

요컨대 여러분이 해야 하는 일 하나하나가 평균대 같은 거예요. 평균대의 폭, 높이, 길이는 그때그때 다르겠지만요.

아하, 아하!

젠장!

얼마나 집중해야 하는지는 평균대의 폭, 높이, 길이에 따라 스스로 판단해야 합니다.

이렇게 해서 여러분은 수많은 실수를 피할 수 있을 겁니다. 특히 부주의로 인한 실수를요.

윽!

실수로 빼먹음

우선 멈춰서 주의력을 조정하기만 하면 됩니다. 신호등을 볼 때처럼요!

초록불 = 평균대 폭이 넓은데? 문제없어!
노란불 = 폭이 훨씬 좁아졌어, 주의하자!
빨간불 = 어렵겠군. 정신 똑바로 차려야지!

내가 뭘 하려고 했더라?

대장 뉴런들이 잘 깨어 있다면
집중력도 잘 유지될 겁니다. 다만…

문제는 얘들이 빨리 잠들어버린다는 거예요.

대장 뉴런들이 잠들면 자기가 뭘 하려고 했는지 잊게 됩니다.
이때 습관이 번쩍 고개를 들지요!

의도를 잊는 것!

'고양이'라는 단어를 듣고 바로 받아써야 하는데
옆집 고양이를 쓰다듬는 상상에 빠질 수도 있고…

혹은 경기를 하다 자살골을 넣을 수도 있을 겁니다.
정신을 어디다 빼놓았는지!

대장들끼리의 싸움

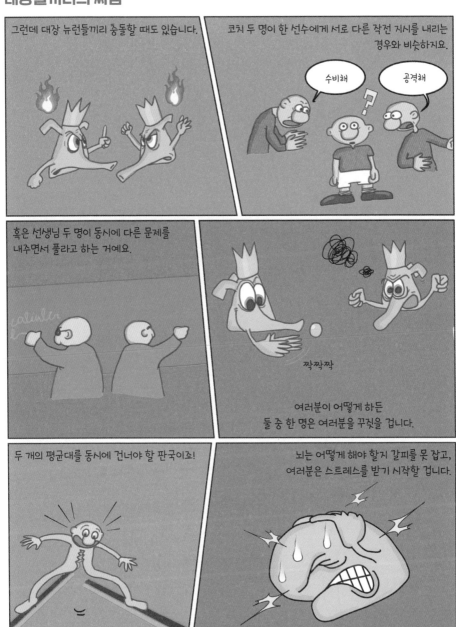

그런데 대장 뉴런들끼리 충돌할 때도 있습니다.

코치 두 명이 한 선수에게 서로 다른 작전 지시를 내리는 경우와 비슷하지요.

수비해

공격해

혹은 선생님 두 명이 동시에 다른 문제를 내주면서 풀라고 하는 거예요.

짝짝짝

여러분이 어떻게 하든
둘 중 한 명은 여러분을 꾸짖을 겁니다.

두 개의 평균대를 동시에 건너야 할 판국이죠!

뇌는 어떻게 해야 할지 갈피를 못 잡고,
여러분은 스트레스를 받기 시작할 겁니다.

점선을 따라 자르시오

집중이 잘 안 된다면, 일단 자기가 어려운 일 두 가지를 동시에 하려고 하지는 않았나 점검해보세요.

투닥 투닥

어쩌면 여러분 뇌의 앞부분에서 한바탕 싸움이 벌어지고 있는지도 모릅니다. 정말로 하려는 일은 무엇인가요?

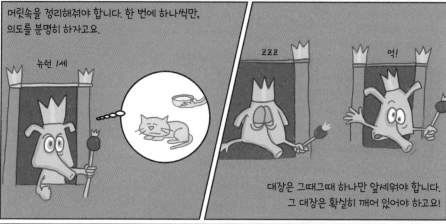

머릿속을 정리해줘야 합니다. 한 번에 하나씩만, 의도를 분명히 하자고요.

뉴런 1세

ㅋㅋㅋ

억!

대장은 그때그때 하나만 앞세워야 합니다. 그 대장은 확실히 깨어 있어야 하고요!

그러자면 내가 하려는 일이 무엇인지 자주 되새겨야 합니다. 그리고 그 일을 짧고 명확한 여러 하위과제들로 쪼개보세요.

점선을 따라 자르시오.

38

미니미와 맥시미

여러분을 도와줄 두 캐릭터가 있습니다. 미니미와 맥시미입니다.
맥시미는 지혜롭고 똑똑하지만 허약합니다. 미니미는 머리가
그렇게 좋지는 않지만 민첩하고 힘이 셉니다.

오케이

미니미는 단순한 지시밖에 못 알아듣습니다.
그래도 일단 알아들은 지시는 잘 따릅니다.

맥시미는 복잡한 일을 단순한 하위과제들로 쪼개, 미니미에게 차례차례 맡기고 그때그때 기한을 정해줍니다.

5분   3분   6분

오케이   오케이   오케이

미니미는 몇 분만 지나도 자기가 무슨 일을 해야 하는지
까먹습니다.

···

에고

그럴 때 맥시미가 GPS처럼 말해주는 거죠.
"2분 후 빨간불이 들어옵니다!"

39

산만한 녀석!

대장 뉴런들이 동시에 명령을 내리려고 할 때가 곧잘 있습니다.

맥시미가 자꾸 이랬다저랬다 하면서 여러 하위과제를 한꺼번에 내주는 것 같은 거죠.

그러면 주의력이 흩어지고 여러분은 해야 할 일을 못 하고 있다는 기분이 들 겁니다.

지금 하고 있는 일과 전혀 상관없는 생각을 대장 뉴런이 끌고 들어와서…

지금 하는 일을 다 때려치우고 다른 일로 넘어가게 할 수도 있다는 말씀!

이 현상을 즉석 행동 제안 (Proposition d'Action iMmédiate), 줄여서 PAM(팸)이라고 합시다. 매우 산만한 상태를 가리키지요.

나는 하나의 팀입니다

한 번에 한 가지 일만 하려고 할 때 여러분은 미니미와 비슷합니다. 결정을 내리는 대장 뉴런이 하나뿐이니까 집중하기도 그만큼 쉽고요.

뇌도 매 순간 어떤 행위가 적합한지 신속하게 선택할 수 있어요.

하위과제 하나를 마치고 다음 하위과제로 넘어갈 때 대장 뉴런들은 회의를 열어 이번에는 누가 명령권을 행사할지 결정합니다. 이때 여러분은 맥시미로서 심사숙고하는 거죠.

여러분은 이런 식으로 맥시미와 미니미 역할을 번갈아 맡을 수 있습니다. 맥시미 노릇을 할 때는 할일을 단순한 하위과제로 쪼갭니다.

미니미 노릇을 할 때는 그 하위과제들을 하나씩 주어진 시간 내에 수행합니다. 하위과제 하나를 마칠 때마다 조금 쉬어주세요!

여러분을 도와주는 미니미 한 팀이 있다고 상상해보세요. 매사가 훨씬 더 쉽게 보일걸요!

작은 승리들이 모이고 모여

미니미는 자기가 해야 한다고 납득한 일만 한 번에 하나씩 손댈 수 있어요.

미니미는 그 일이 이미 다 된 것처럼 머릿속에 그려봅니다.

그러고보면 미니미는 자기가 연기해야 할 장면을 머릿속으로 그려보는 배우 같지요.

액션!

잘했어요.

재깍
재깍

혹은 자기가 해야 할 동작을 떠올리는 운동선수하고도 비슷합니다.

하위과제들은 소요 시간이 짧기 때문에 바로바로 완수할 수 있습니다. 미니미는 자그마한 승리들을 차곡차곡 쌓아갑니다!

브라보!
브라보!

미니미는 자기가 잘할 수 있을지 확신이 없는 일은 거부합니다. 맥시미는 그에게 좀더 간단한 일을 맡길 책임이 있습니다!

잘 모르겠네요, 전 못 합니다.

함께 외우는 P-I-M

하위과제 중에도 집중력이 좀더 필요한 과정들이 있습니다.

PIM

PIM! 그러니까 어떤 것을 주력해 지각할지(P), 어떤 의도를 앞세울지(I), 어떤 행동 방식을 우선시할지(M) 결정함으로써 대장 뉴런을 도울 수 있습니다.

무엇을 가장 먼저 보고 듣고 느껴야 할까?
이것은 PIM에서 P(지각)에 해당합니다.

사자

P

M?

M?

M?

사

이 지각에 어떻게 반응/행동할 건가요?
이미지를 떠올릴 건가요? 손을 움직일 건가요?

이것은 PIM에서 M, 즉 행동 방식에 해당합니다. 여러분은 손을 움직이든가, 덧셈을 하든가, 뭔가를 머릿속으로 떠올리든가… 행동 방식을 결정할 수 있습니다.

전화

P

M

전화

I

PIM에서 I는 여러분이 해내고자 하는 바, 여러분의 의도입니다.
기억하세요, P+I+M=PIM!

P(지각)

I(의도)

M
(행동 방식)

43

손가락으로 기억하세요, P-I-M

생각해보세요. 어려운 일, 약간 위험한 일을 해내려면 PIM이 필요합니다.

사실 여러분은 무슨 일을 하든 PIM을 활용하고 있습니다. 주력해야 하는 지각, 의도, 행동 방식이 항상 있지요…

하지만 대개 우리는 PIM을 결정하기는커녕 의식조차 하지 않습니다. 그렇다보니 PIM이 갑자기 바뀔 수도 있는데, 바로 이때 집중력이 흐트러지는 겁니다. 뭐, 그래도 대개 별 문제는 없습니다만…

정말로 집중해야 할 때는 여러분의 진정한 PIM이 무엇인지 생각해보아야 합니다. 엄지는 지각해야 할 것, 검지는 의도, 중지는 행동 방식, 이렇게 손가락을 꼽아가며 내가 주력해야 할 PIM을 짚고 넘어가세요.

이 기법은 적합한 대장 뉴런과 이 대장을 도와줄 뉴런들 팀을 확실히 깨워줄 겁니다.

어떤 활동을 할 때마다 그에 맞는 PIM을 챙긴다면…

요!

…언제나 집중력을 발휘할 수 있을 겁니다.

항상 필요한 건 아니고

예를 들어 나는 이 밑그림을 따라 펜션을 넣기 위해 먼저 연필로
그려진 선을 주의깊게 보았고(P) 펜션을 잘 따기 위해서(I)
펜 끝의 움직임을 섬세하게 조정했습니다(M).
이 PIM은 내가 집중력을 잘 유지하도록 도움을 주었지요.

내가 갑자기 PIM을 바꿨다면,
예를 들어 문득 창밖을 바라보았다면 그림을
잘 그릴 수 없었을 거예요.

PIM을 유지하는 동안은 대장 뉴런도 깨어 있으면서
지각과 행위에 적합한 뉴런들이 함께 일하도록 잘 이끌어줄 겁니다.

음료의 맛을 즐기거나
노래를 제대로 감상하기 위한 PIM도 있답니다!

PIM이 없으면 뉴런들은 습관적으로 어울리는
친구 뉴런들하고만 일할 겁니다.

간단한 일들은 그렇게 처리해도 무방합니다.
물 한 잔 들이켜면서 일일이 PIM을 생각할 필요는 없겠죠!

집쭝을 할 쑤가 업써… 어떠카지?

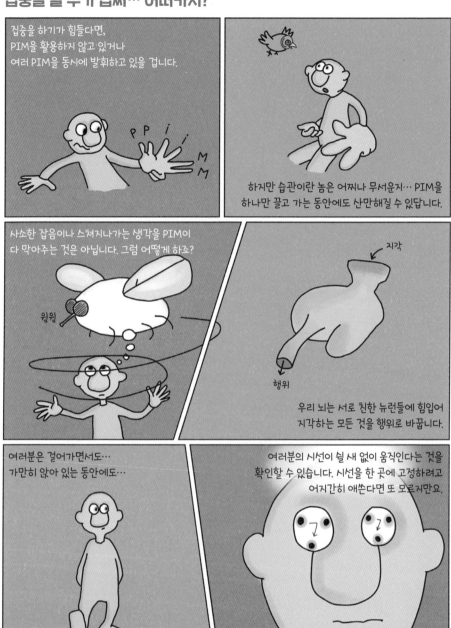

집중을 하기가 힘들다면,
PIM을 활용하지 않고 있거나
여러 PIM을 동시에 발휘하고 있을 겁니다.

P P i M M

하지만 습관이란 놈은 어찌나 무서운지… PIM을
하나만 끌고 가는 동안에도 산만해질 수 있답니다.

사소한 잡음이나 스쳐지나가는 생각을 PIM이
다 막아주는 것은 아닙니다. 그럼 어떻게 하죠?

윙윙

지각

행위

우리 뇌는 서로 친한 뉴런들에 힘입어
지각하는 모든 것을 행위로 바꿉니다.

여러분은 걸어가면서도…
가만히 앉아 있는 동안에도…

여러분의 시선이 쉴 새 없이 움직인다는 것을
확인할 수 있습니다. 시선을 한 곳에 고정하려고
어지간히 애쓴다면 또 모르지만요.

우리 몸은 나무인형 피노키오

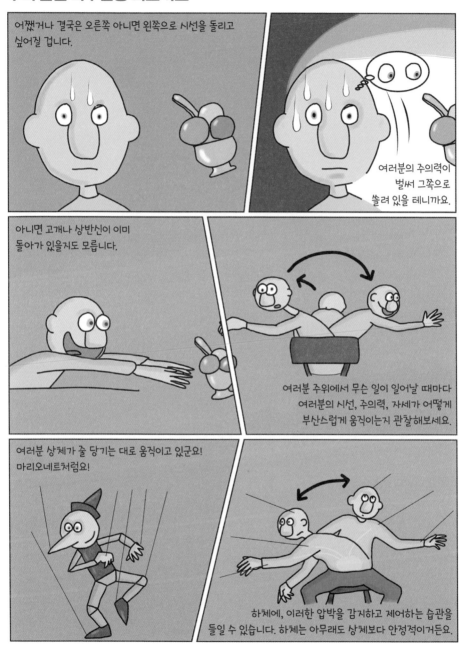

어쨌거나 결국은 오른쪽 아니면 왼쪽으로 시선을 돌리고 싶어질 겁니다.

여러분의 주의력이 벌써 그쪽으로 쏠려 있을 테니까요.

아니면 고개나 상반신이 이미 돌아가 있을지도 모릅니다.

여러분 주위에서 무슨 일이 일어날 때마다 여러분의 시선, 주의력, 자세가 어떻게 부산스럽게 움직이는지 관찰해보세요.

여러분 상체가 줄 당기는 대로 움직이고 있군요! 마리오네트처럼요!

하체에, 이러한 압박을 감지하고 제어하는 습관을 들일 수 있습니다. 하체는 아무래도 상체보다 안정적이거든요.

47

나 떨어질 것 같아…

지각에 관여한 뉴런들은 친구 뉴런들을 동원해 여러분을 움직이게 합니다. 뭔가를 보고 만지고 집어들게요.

시선 두기
주의력 발휘
자세 취하기

시선, 주의력, 자세! 기억하기 쉽지요?

여러분이 시선을 두고 주의력을 발휘하고 자세를 취하라는 압박을 느낀다고 해서 반드시 움직여야 하는 건 아닙니다! 그 압박이 정말로 여러분을 조종하는 끈은 아니잖아요!

나는 '가라사대' 안 붙였거든? 가라사대 게임 몰라?

평균대를 걸을 때처럼 떨어질 것 같다 싶으면 빨리 깨달아야 합니다.

그러지 않으면 진짜 떨어지고 말아요.

집중력 유지나 신체 자세 유지나 결국은 마찬가지입니다. 주의력의 균형감각을 익혀야 하지요.

고무줄처럼 몸이 쭉!

여러분을 평균대에서 떨어뜨릴 만한 일이 주위에 전혀 없다고 칩시다.

그래도 불쑥불쑥 일어나는 생각은 어쩔 수 없지요!

조금만 있으면 쉬는 시간이 된다는 생각에
학용품을 챙겨담기 시작할 수도 있고요.

지각을 담당하는 뉴런들이 친구 뉴런들에게
이제 움직이라는 신호를 보내니까요.

생각이 몸을 움직이게 합니다.

밖에 나갈 생각에 몸을 쭉 펴게 되는 거죠.

결정은 내가 한다! (과자가 아니라)

방금 생각난 물건을 집느라 팔을 뻗을 때가 있습니다.

코끼리가 과자를 집어 먹으려고 코를 길게 뻗는 것처럼 말입니다.

그래도 팔만 조용히 뻗어 필요한 물건을 집어올 수 있습니다. 생각나는 대로 몸을 부산스럽게 움직이지 않아도요.

이렇게 동작을 천천히 하면 대장 뉴런에게 이 생각에 동의를 표할지…

…반대할지 결정할 시간을 벌 수 있습니다.

그만! 멈춰!

평균대에서 떨어진다고 해도 최소한 자기 선택으로 떨어져야 하지 않겠어요?

집중의 여섯 단계, 떨어져서 다치지 않게!

뉴런이 하는 일이 여러분에게 좋은 일이면 뉴런이 하자는 대로 내버려두어도 됩니다.

좋아, 자네를 믿네.

때로는 습관만으로도 여러분이 하고 싶은 일을 해낼 수 있습니다.

① 시선을 두고, ② 주의력을 발휘한 뒤, ③ 자세를 취하고, ④ 생각을 하면서, ⑤ 지탱하고, ⑥ 내버려두기. 이 여섯 단계만 기억하면 됩니다.

주의력 해이 주의

여기 봐!

메롱!

…평균대에서 떨어지지 않게 말입니다.

매번 떨어지기만 한다면 의미 있고 대단한 일은 아무것도 해낼 수 없을 겁니다.

아기였던 여러분이 일어서는 법을 배우기까지 시간이 필요했습니다. 주의력을 기르는 법을 배우는 데도 몇 년은 걸린답니다.

몇 가지만 짚고 넘어갑시다

뉴런은 세포입니다. 뉴런의 실체를 세포체라고 부릅니다. 뉴런은 축삭돌기를 통해 다른 뉴런들에게 메시지를 보내고 수상돌기를 통해 다른 뉴런들의 말을 듣습니다. (아, 물론 진짜 뉴런은 손도 눈도 없고, 왕관도 색깔도 없습니다.)

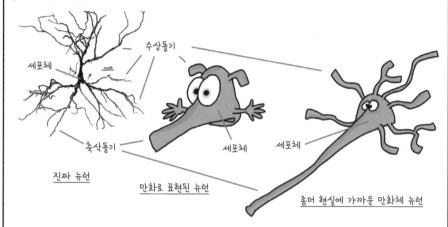

진짜 뉴런

만화로 표현된 뉴런

좀더 현실에 가까운 만화체 뉴런

뉴런은 신경전달물질을 보냄으로써 메시지를 전달합니다.

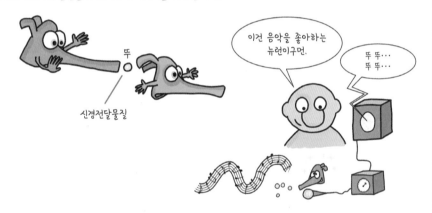

신경전달물질

이건 음악을 좋아하는 뉴런이구먼.

뚜 뚜…
뚜 뚜…

연구자들은 뉴런의 활동을 기록함으로써 뉴런이 무슨 일을 하는지 알아냅니다. 어떤 뉴런이 반응하면 그에 따라 뚜, 뚜, 소리가 나는 기계를 가지고 있거든요. 이렇게 해서 연구자들은 뉴런의 소리를 들을 수 있습니다! 에펠탑을 알아보는 순간 반응하는 뉴런들이 있는가 하면, 물체가 오른쪽으로 이동할 때 반응하는 뉴런들도 있고, '도레미' 음을 들을 때 반응하는 뉴런들도 있지요… 새끼손가락을 움직이려고 할 때 반응하는 뉴런들도 있고요… 그래서 이 뉴런들을 기록하는 것만으로도 여러분이 어떤 동작을 하려는지 알 수 있답니다!

우리 구역은 여기야

같은 일을 하는 뉴런들은 같은 뇌 영역에 모입니다. 뉴런들도 그래야 쉽고 빠르게 서로 얘기를
나눌 수 있으니까요. 우리 뇌가 시각 영역, 청각 영역, 언어 영역, 운동 영역, 기억 영역 등으로 나뉘는 이유가
바로 여기에 있습니다.

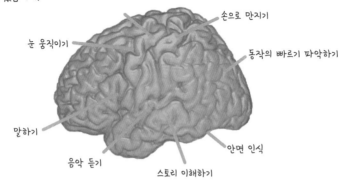

뉴런들은 우리 주위에서 일어나는 일을 파악하기 위해 언제나 여럿이서 협업합니다. 예를 들어 호랑이를
알아봤다면 이 인식에도 뉴런들이 팀으로 관여한 것이지, 하나의 뉴런이 단독으로 해낸 일이 아닙니다.
얼마나 다행입니까! 특정 뉴런 하나가 없어진다고 해서 눈앞에 나타난 호랑이를 못 알아보면 큰일이잖아요?
신체 운동을 촉발하는 뉴런들, 그 밖의 모든 뉴런도 마찬가지입니다… 뉴런들은 항상 팀으로 움직이지요.

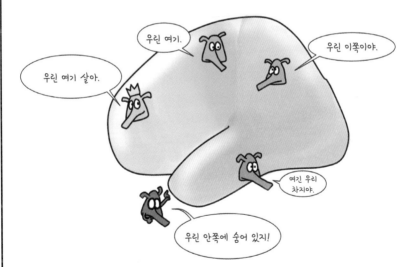

뇌의 여러 영역에 흩어져 있는 수백만 개의 뉴런이 우리의 행위 하나하나를 위해 협업을 합니다.
그러다 행위가 바뀌면 또다른 수백만 개 뉴런들이 활동에 들어가고요…
이렇게 우리 뇌는 모든 부분이 요긴하게 쓰인답니다!

2부
집중력을 높이는
신경과학의 비밀

"내가 왜 자꾸 엉뚱한 생각에 빠지는지 드디어 알았어요."

(티파니, 만 열두 살)

2부에서는 1부 만화를 보완하는 과학적 설명 을 들려주거나, 여러분 스스로 할 수 있는 간단한 연습과제 를 내주거나, 보충자료 를 제시합 니다. 집중력이란 무엇인지, 집중력은 어떻게 작용하는지, 어떻게 하면 집중력을 더 잘 발휘할 수 있는지 알고 싶다면 2부를 읽어보세요.

집중해!

 여러분의 뇌에는 열 수도 있고 닫을 수도 있 는 문이 있습니다. 그 문 뒤에 뇌의 가장 똑똑 한 부분들, 즉 이해와 학습을 맡는 것은 물론 이고 우리 주위에서 일어나는 일에 제대로 반 응하고 행동하게 하는 부분들이 있어요. 여러 분이 앞에 있는 사람에게 주의를 기울이지 않을 때는, 뇌가 꽉 닫혀 있기라도 한 것처럼 그 사람의 말이나 행동이 여러분의 뇌에 와서 부 딪치는데도 아무 반응도 끌어내지 못합니다. 상대가 여러분에게 주의

를 기울이지 않을 때 어떤 기분이 드나요? 투명인간이 된 것 같다고요? 무시당하는 기분이라고요? 그 자리에 있는데도 없는 사람 취급을 당하는 것 같다고요?

반면 두 사람의 주의력이 만날 때 이들은 연결됩니다. 두 사람은 상대의 말과 행동에 제대로 반응하면서 '진정'으로 함께합니다. 여러분이 어떤 사람이나 사물에 관심을 기울인다는 것은, 뇌의 문을 활짝 열고 여러분의 에너지를 상대에게 온전히 내어준다는 뜻입니다.

이 에너지가 여러분의 가장 중요한 보물입니다. 그래서 광고, 텔레비전 방송 프로그램, 인터넷상의 별의별 것들이 여러분의 이 에너지를 차지하려고 항상 기를 쓰지요. 여러분은 저들이 여러분의 주의력을 차지하려고 애쓰는 것을 알고 있었나요? 저들은 어떤 방법으로 여러분의 주의력을 덮치나요? 여러분은 저들에게 항상 주의력을 내어주어도 아무 불만이 없나요?

발을 질질 끌면서 맥없이 계단을 올라간다면 시간도 많이 걸리고 몹시 피곤할 겁니다. 주의력이라는 정신적 에너지도 마찬가지입니다. 자, 여러분이 정말로 집중했던 순간들이 기억

나나요? 그때 기분이 어땠나요? 아마도 차분하고 평온하고 뭔가가 잘 풀리는 기분이었을 겁니다. 아니, 늘 산만해서 집중하는 게 어떤 기분 인지 모르겠다고요? (그런 분들도 이 책을 읽어보세요. 한 번에 한 쪽씩 만 읽으면 됩니다.)

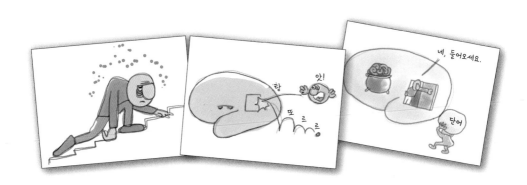

집중한다는 건 뭘까?

 여러분 정수리에 버튼이 하나 달려 있다고 상상해보세요. 이 버튼을 누를 때마다 여러분은 5분 동안 고도로 집중하게 됩니다. 여러분이라면 이 버튼을 사용할 건가요? 어떤 상황에서요? 집중력은 교실에서 공부할 때만 필요한 게 아닙니다. 이미 알고 있지요?

 오래 집중한다는 것은 접속이 지속되고 있다는 뜻입니다. 안타깝게도 우리는 동시에 두 가지 일에 접속할 수 없습니다. 오른쪽과 왼쪽을 동시에 볼 수 없는 것과 마찬가지로요. (가끔 그럴 수 있는 사람들이 있긴 해요. 묘기처럼 보여서 그렇지…) 한번 여러 가지에 동시에 주의를 기울여보세요. 그건 마치 한참 작은 이불로 머리와 발을 동시에 덮으려고 애쓰는 격이지요. 안 되는 일은 안 되는 겁니다. 그렇게 되면 주의력을 연결하느라 아니면 이미 연결된 주의력을 끊어내느라 시간을 들여야 하지요. 하지만 접속이 자주 끊긴다면 아무것도 제대로 할 수 없습니다. 전화나 인터넷도 자꾸 끊기면 잘 쓸 수 없잖아요. 정신적 에너지를 제대로 쓰려면 접속 상태를 유지할 수 있어야만 합니다.

스키 타는 법이나 배 모는 법을 배우려면 스키장이나 바닷가에 갈 때

까지 기다려야 합니다만… 집중하는 법을 배울 기회는 널리고 널렸답니다. 집에서, 초등학교에서, 중학교에서, 고등학교에서, 집중력은 심지어 여가시간에도 키울 수 있어요! 집중력도 운동이나 악기처럼 오랜 시간을 들여야 익힐 수 있기 때문에 이렇게 훈련 기회가 많다는 건 참 잘된 일입니다. 여러분이 교실에 앉아서 보내는 수많은 시간은 접속을 잘 유지하는 법을 배우는 시간이기도 해요… 두고 보세요, 수학 수업에 집중했는데 기타 연주 실력이 늘 수도 있으니까요. (정말입니다.)

뉴런은 1000억 개

1세제곱미터짜리 정육면체 안에 모래를 가득 담는다면 모래알갱이가 1000억 개 들어갑니다! (수학 문제로 비유해 풀어보자면, 1세제곱미터의 정육면체를 15마이크로그램짜리 모래로 1500킬로그램쯤 채우게 되는 거죠.) 1000억 개는 우주에 존재하는 은하의 수이기도 하다는군요… 어쨌거나 '무진장 많다' 싶으면 1000억 개라니, 1000억은 자연이 무척 사랑하는 수인가 봅니다.

이 1000억 개의 뉴런은 주로 뇌의 표면에 위치합니다. 이 표면을 '피질 또는 겉질(cortex)'이라고 부릅니다. 왜 그렇게 부르느냐고요? 'cortex'는 라틴어로 '껍질'을 뜻하는데요, 표면을 감싸고 있는 것이 껍질이잖아요. 나무껍질처럼요. 또 그 피질 아래, '피질하'라고 하는 영역에도 뉴런들이 있습니다.

우리가 목표하는 대상은 하나가 아니라 여러 뉴런들을 끌어들입니다. 그렇기 때문에 뉴런 하나가 망가진다고 해서 망치를 못 알아보는 일은 없을 겁니다. 자기 엄마를 못 알아보는 일도 없을 거고요. 하지만 사람 얼굴을 알아보는 데 관여하는 뉴런들이 뇌에서 같은 영역에 몰려 있다는 점을 기

람 사진을 보고도 누구인지 못 알아볼 겁니다. (실제로 그런 경우가 더
러 있습니다.)

뉴런의 특화

같은 신체 부위를 움직이게 하는 뇌 속 뉴런들은 끼리끼리 모여 있습니다. 눈동자, 머리, 손 등을 움직이게 하는 뉴런들이 저마다 작은 영역을 차지하고 있지요. 이 뉴런들은 각기 다른 팀들과 협업해서 복잡하고 까다로운 동작도 수행할 수 있습니다. 가령 문 여는 동작과 수돗물 트는 동작은 비슷한 것 같지만 정확히 똑같은 동작은 아니지요… 정확하면서도 복잡한 동작을 수행하려면 오랫동안 뇌를 훈련해야 합니다. 뇌도 근육처럼 날쌔고 성능 좋게 단련할 수 있습니다. 유도 세계챔피언 테디 리네르의 체력전담코치 얀 모리소는 스포츠 일간지 『레퀴프』와의 인터뷰에서 이런 얘기를 했어요. "테디 리네르의 가장 강력한 근육은 뇌입니다." (표현이 그렇다는 거죠, 뇌는 근육이 아니니까요.) 여러분도 꾸준히 노력하면 뇌의 성능과 집중력을 향상시킬 수 있습니다.

손가락으로 코를 후빈다고 상상해보세요. (실제로 후빌 필요는 없어요.) 자, 상상해봤나요? 여러분은 지금 손가락을 움직이는 데 관여하는 뉴런들을 깨운 겁니다! 실제로 코를 후비는 행동까지 한다면(주위에 보는 사람이 없다면 한번 해보세요) 그 뉴런들을 더 많이 깨우게 되고요. 뉴런들을 깨우기란 이렇게 쉽답니다! (자, 이제 화장실에 가서 손을 씻고 오세요.)

좋아한다, 좋아하지 않는다

지각과 행위를 연결하는 뉴런들이 손상되어버린 사람들이 있습니다. 이 사람들은 망치나 드라이버를 보여줘도 어떻게 사용하는지 기억을 못 합니다. 그 물건들 이름은 똑똑히 기억을 하면서도 말입니다. 기묘한 일이지요?

눈앞에 생일선물이 놓여 있는데 그 선물을 열어보지도 못하고 공부를 해야 한다면 기분이 어떨까요? 엄청 신나는 내용의 문자메시지가 방금 온 것 같은데 확인을 할 수 없다면요? 우리 주의를 끄는 어떤 힘들이 존재하는 것만 같지 않나요? 우리는 가끔 어떤 것을 너무 하고 싶은 나머지 오로지 그것만 생각하게 되기도 해요. 쇠구슬이 거대한 자석에 끌려가듯이 이끌리는데도 다른 일을 하느라 기다리는 기분은 끔찍하지요. 그런 기분을 이미 안다고요? 굉장히 참기 힘들지 않던가요?

18쪽과 19쪽 만화에 나오는 위장한 뉴런들은 여러분의 주의력을 늘 재미나고 유쾌한 것으로 끌어당기려고 합니다. 이 뉴런들의 진짜 명칭은 따로 있지만 우리는 '자석 뉴런'이라고 부르기로 해요. (실제 명칭은 보상회로 뉴런이랍니다. 회로(circuit)라고 부르는 건 자동차경주용 도로의 서킷처럼 원점으로 돌아오는 구조 때문입니다. 여러분이 좋아하는 구역에서 뭔가가 보상처럼 나타날 때, 이 회로가 알려주지요.)

위험이 닥칠 때 경고 비슷한 것을 해주는 뉴런들도 있습니다. 이 뉴런들도 주의력을 이동시킨다는 점에서는 앞에서 말한 뉴런들과 다르지 않으니까 마찬가지로 '자석 뉴런'으로 부르기로 해요. 성난 맹수가 당장 달려들 태세인데 책에만 푹 빠져 있으면 어떻게 되겠어요? 이러한 자석 뉴런들 때문에 우리는 위험한 것이나 쾌감을 주는 것에 주의력을 쉽게 빼앗깁니다. 나아가서, 위험한 것이나 쾌감을 주는 것이 현실이 아니라 우리 머릿속에만 있는 것이라 해도 주의력을 앗아가는 건 마찬가지예요!

어떤 사람이 병으로 하루아침에 편도체 두 개를 다 잃었습니다. 편도체는 위험이 다가올 때 신호를 보내는 자석 뉴런들이 모여 있는 아몬드 모양의 뇌 기관이에요. 그 결과 이 사람은 위험을 감지할 수 없게 되어버렸습니다. 그래서 전날 밤 공원에 나갔다가 괴한에게 습격을 당하고도 다음날 밤 아무렇지도 않다는 듯 또 나갔답니다!

이유 없이 오싹하고 두려운 기분이 든다면 두 편도체가 흥분했나 보다, 라고 생각하세요… 가끔은 편도체를 꺼버릴 수 있다면 참 좋겠지요? 그러면 아마도 무서운 꿈을 꿀 일은 없을 거예요!

"좋아하는 일을 할 때는 집중하기가 쉬워요." 이렇게 말하는 분들 있

죠? 당연한 겁니다. 자석 뉴런들이 늘 공포만 불러일으키는 건 아니거든요. 예를 들어 호기심이 생겨 새로운 것을 배우고 싶을 때, 혹은 여러분이 좋아하는 일을 스스로 선택해서 몰두할 때 자석 뉴런들은 집중력에 도움을 줍니다. 여러분이 주의를 기울일수록 하는 일이 재미있어지고요. 그럴 때 여러분의 뇌는 아주 평화롭답니다.

중독

그렇다면 어째서 자석 뉴런들이 하자는 대로 내버려두면 안 되나요? 자석 뉴런에게 다 맡기면 더 재미있어지는 거 아닌가요? 아니요, 꼭 그렇지는 않답니다. 캐나다의 두 연구자가 자석 뉴런의 힘을 살펴보기 위해서 장치를 하나 고안했습니다. 실험용 쥐가 이 장치의 버튼을 누르면 쥐의 자석 뉴런들이 흥분하게 되어 있었지요. 쥐는 식음을 전폐하고 이 버튼만 눌러댄 나머지 나중에는 거의 굶어죽을 지경이 되었습니다! 이게 바로 중독입니다! 자석 뉴런들이 그 쥐의 뇌를 지배해 계속 버튼을 누르게 했던 거예요! 그 쥐가 정말로 재미있어했는지는 잘 모르겠네요…

여러분도 이 지경까지 가지 않더라도 화면만 들여다보면 밥 먹기도 잠자기도 싫을 때가 있지 않나요? 역시 자석 뉴런들이 범인입니다! 이 불한당들에게는 뇌의 조종대를 맡기지 않는 편이 낫습니다. 가끔은 그 녀석들의 말도 들어주세요. 그렇지만 너무 자주 들어주어서는 안 되고, 항상 귀를 기울여서도 안 됩니다. 뭔가를 재미있게 하는 건 좋지만 오로지 그것만 하고 싶어해서는 안 될 겁니다.

게임에 중독된 것처럼 게임 화면 앞에 들러붙어 있는 사람이 눈에 띄거든 자석 뉴런을 떠올리세요. 저 사람 지금 자석 뉴런들이 잔뜩 흥분해 있구나, 생각하세요!

갑자기 딴짓을 하고 싶어지거든 움직이지 말고 멈춰보세요. 거대한 자석에 끌려가는 쇠구슬이 된 기분인가요? 자석 뉴런이 손을 움직이고, 눈알을 굴리고, 몸을 움직이게 한다고요? 여러분도 그러고 싶다고요? 그래도 괜찮은 상황이라면 그렇게 하세요. 하지만 적어도 결정은 여러분이 내려야 합니다.

자석 뉴런들이 너무 강력하면 여러분이 하기 싫은 일을 해야 할 때마다 이 뉴런들이 절망하고 울부짖는 느낌이 들 겁니다. 굉장히 불쾌한 느낌이지요. 여러분도 가끔 그럴 때가 있다고요? 여러분의 자석 뉴런들이 불평하는 것 같다고요? 다행히도 그럴 때가 집중력을 훈련하기에는 가장 좋은 기회랍니다. 여러분을 산만하게 만드는 힘이 가장 강력하게 행동하는 때니까요… 돛단배를 상상해보세요. 바람이 한 점도 불지 않는다면 돛단배 모는 법은 결코 배울 수 없을 겁니다.

이런 변화를 즐기는 것은 좋지만, 주위가 잠잠할 때마다 돌덩이가 된 것처럼 기분이 처져선 안 되겠지요. 집중력을 익히는 건 어떤 상황에서나 편안하게 지내기 위해서입니다. 자석 뉴런들은 한참 뒤에 이루어질 약속을 좋아하지 않아요. 그들은 지금 당장 선물을 받기 원한답니다. 그래서 한참 나중에 결과가 나오는 일에는 대개 의욕을 부리지 않지요… 여러분도 그런 적이 있나요?

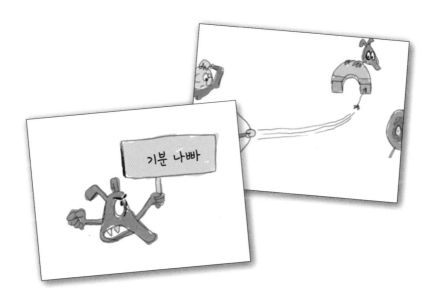

팀플레이

뜨거운 물건을 만졌을 때 손을 얼른 떼는 것은 반사행동입니다. 반면 자기 이름을 부르는 소리를 듣고 고개를 돌리는 것은 습관이지요. 습관은 고도화된 반사행동입니다. 학생들은 선생님의 특징적인 언어습관을 종종 흉내내면서 웃음거리로 삼지요. (물론 아이들에게도 특유의 언어습관이 있습니다. 그렇지만 아이들끼리 이런 습관을 두고 놀리는 것은 좋지 않아요.)

늘 같은 방식으로 '습관대로' 행동하는 사람은 기계적으로 혹은 자동적으로 행동한다는 말을 들을 겁니다. 그렇지만 인간으로 살아간다는 것은 그때그때 상황에 맞출 수 있다는 뜻이기도 하지요. 기계나 자동인형은 상황에 자신을 맞출 수 없습니다.

마리오네트 모드

주위에 스트레스에 시달리는 사람들이 있나요? 그 사람들의 소소한 몸짓을 눈여겨보세요. 거의 전부 자동적으로 움직인다고 할 수 있을 겁니다. 매사를 빨리 처리하고 싶어하고, 시간을 벌기 위해 생각 없이 습관적으로 행동하지요. 사실 그들의 뇌 속은 공황 상태와 비슷합니다. 작은 소리만 나도 고개가 바로 돌아가죠. 그런 충동이 억제가 안 될 정도로 강해요!

뉴런들이 습관적으로 어울리게 되면 우리는 무의식적으로 부산스럽게 굴면서 주위에서 일어나는 모든 일에 반응합니다. 눈에 보이는 것은 다 만져보고 싶고, 머릿속에 스쳐지나가는 생각을 다 입 밖에 내버리는 거죠… 그런 상태에서는 속도를 늦추세요. 그런 충동을 전부 다 따를 필요는 없습니다. 그 뉴런들이 여러분을 대신해 결정권을 쥐어서는 안 됩니다. 여러분 뇌의 지휘권을 도로 가져오세요!

좋은 습관, 나쁜 습관

습관에는 아주 큰 장점이 있습니다. 반응이 재빠르다는 거죠. 가령 글을 많이 읽는 사람은 문자를 보는 족족 읽어버리는 습관이 있습니다. 그런 사람은 '침묵'이라는 단어를 눈으로 보았을 때 머릿속으로 '침묵'이라고 읽지 않기가 더 힘들걸요? 침묵. 침, 묵. 침묵! 쉿! 하지만 그런 습관이 들어 있지 않다면 지금 이 페이지를 읽는 데만 세 시간이 걸릴지도 몰라요.

뉴런들은 팀으로 뛰는 축구선수들 같아요. 축구선수들은 공을 서로 패스하면서 경기장을 가로질러 골대 앞까지 몰고 갑니다. 혼자 득점을 하기는 힘들고(혼자 하는 축구는 재미도 별로잖아요) 패스를 주고받는 게 훨씬 낫지요. 하지만 조앙이 리자와 친하다는 이유로 매번 리자에게만 공을 넘겨준다면 상대 팀도 나중에는 그 수를 빤히 읽고 공을 가로채겠지요… 따라서 선수들은 함께 경기를 이끌어나가는 방식들을 계속해서 새로 배워야 합니다. 뉴런들의 작업도 마찬가지입니다. 학습에 필요한 것은 새로운 뉴런들이 아닙니다. 기존의 뉴런들이어도 새로운 방식으로 함께 일할 수 있으면 그걸로 충분합니다.

나쁜 습관을 좋은 습관으로 바꾸는 과정도 다르지 않습니다. 자전거

를 처음 배우는 사람은 자전거가 쓰러지려고 할 때 어떻게 반응해야
할지 몰라 비명을 지릅니다… 이것은 부적절한 습관이지요. 그렇지만
연습을 하다 보면 평균대 위에서 균형을 잡듯이 자전거가 한쪽으로
넘어지지 않게끔 반응하는 요령을 배울 수 있습니다. 집중력이 달아
나려는 순간에 다시 집중력을 끌어모으는 법도 열심히 연습하면 배
울 수 있고, 그렇게 해서 좋은 습관이 뿌리내릴 수 있습니다.

여러 가지 습관을 살펴봅시다. 이 습관들이
적절하게 여겨지는 상황을 골라보세요.

- 작은 소리만 나도 고개가 돌아간다.

  a) 어두운 밤 숲속에서

  b) 영화관에서

  c) 수업 시간에

- 아는 사람을 보고 인사를 한다.

  a) 역에서 만나기로 한 사람이 보일 때

  b) 잠시 묵념하는 동안

  c) 은행에 쳐들어온 강도를 만났을 때

- 풀린 신발끈을 다시 묶는다.

  a) 시내 보행로에서

  b) 산악자전거를 타고 급경사길을 내려가면서

  c) 마라톤 경기 중 최종 주파구간에 들어서서

- 문자메시지를 확인한다.

  a) 마트 계산대에서 줄을 서 있는 동안

  b) 줄이 길게 늘어서 있는 마트 계산대에서 자기 차례가 되었을 때

  c) 중요한 논의 중에

영화처럼

아는 사람들에게 가끔 머릿속에 어떤 이미지가 떠오르는지 한번 물어보세요. 그 이미지를 어떻게 활용하는지도요. 상대가 질문을 잘 이해하지 못하거든 이런 연습을 제안해봅시다.

이 만화에서 다루는 뉴런들을 깨우고 싶나요? 어렵지 않아요. 여기 X 표를 잘 보세요.

…이제 하얀 말 한 마리를 상상해보세요. (서두르지 말고 느긋하게 시간을 들여서요.) 말머리가 어느 쪽을 향해 있나요? 그 말은 멈춰 서 있나요, 한창 달리는 중인가요? 이런 물음에 답하려면 머릿속 작은 화면에 어떤 이미지를 띄워놓아야 할 겁니다. 이 이미지가 바로 심상입니다. 하나 더 해볼까요? 알파벳 G 바로 앞 문자(대문자 F)의 막대 모양은 어느 방향으로 뻗어 있나요? 자, 이것도 하나의 심상입니다. 여러분에게 보이는 둥마는 둥 얼핏 스쳐갔는지도 모르지만 어쨌든 머릿속 화면에는 이미지가 분명히 떴습니다. 이미지가 어디쯤 있는지도 보이나요? 정면에? 왼쪽에? 오른쪽에? 발밑에? 이미지 크기도 대충 파악이 되나요?

심상을 오랫동안 붙잡아놓으려면 집중력을 상당히 발휘해야 할 겁니다. 하얀 말 상상하기로 직접 시험해보세요. 쉽지 않지요? 일반적으

로 심상은 나타났다 사라졌다 다시 나타나기를 반복합니다. 사라진 심상을 도로 불러오려면 노력이 필요하지요. 자석 뉴런들의 관심을 끄는 심상은 그래도 불러오기가 쉽습니다. 그 뉴런들이 심상을 안정화시키는 데 도움을 주기 때문이지요. 그 뉴런들은 자기네가 좋아하는 하루 중 어느 한 순간, 혹은 여러분을 겁나게 하는 장면, 그것도 아니면 장차 일어날 수도 있는 일의 한 장면을 아예 대놓고 여러분 머릿속에 계속 틀어놓을 수도 있습니다. 누군가에게 이런 현상이 일어나면 주위 사람들도 알아챌 수 있습니다. 꿈쩍도 하지 않을뿐더러 말을 걸어도 대꾸도 안 하고, 어물전에 늘어놓은 동태처럼 멍한 눈으로 허공만 쳐다보고 있을 테니까요. 그 사람의 뇌는 방해받기 싫어서 문을 닫아 걸고 자기만의 텔레비전 시청에 여념이 없는 겁니다.

어떤 사람들은 집중력을 향상시키기 위해서 심상을 오랫동안 붙잡아두는 연습을 합니다. 여러분 집에서 교실까지 가는 길을 머릿속에 떠올리는 식으로 연습해보세요. 혹은 친구 다섯 명의 얼굴을 차례차례 떠올리는 방법으로 연습을 해도 좋겠습니다. 자, 쉬운가요, 어려운가요? 무엇 때문에 주의력이 흐트러졌나요? 눈을 뜨고 있는 게 낫나요, 감는 게 낫나요? 자석 뉴런들이 자기네가 더 좋아하는 이미지들로 넘어가라고 리모컨을 자꾸 누르지는 않던가요?

 입 밖으로 소리를 내지 말고 이 문장 끝에 점이 몇 개 붙었는지 세어보세요… 어때요? 실제로 소리를 내지는 않아도 머릿속으로 '하나, 둘, 셋' 하는 목소리가 들리지 않았나요? 수를 '속으로' 자기 외에는 아무도 들을 수 없는 목소리로 헤아리기는 쉽지 않습니다. 여러분은 혼잣말을 자주 하는 편인가요? 이런 게임을 한번 해보세요. 손가락을 쫙 펴고 손바닥이 아래로 가게 한 다음 두 손을 탁자에 올려놓습니다. 손가락 하나당 몇 초씩 들여 열 개의 손가락을 잘 살펴보세요. 왼손 새끼손가락에서 시작해서 양손 엄지를 거쳐 오른쪽 새끼손가락까지 넘어갑니다. 이때 자기 속에서 어떤 얘기가 들리는지, 그 목소리가 어떤 말을 하고 어떤 소리를 내는지 들어보세요. 왼손 중지에 이르렀을 때 무슨 말이 들리나요? 오른손 검지에서는요? 무슨 생각이 들었습니까? 겁내지 마세요, 그건 어디까지나 여러분 자신이 하는 말이니까요. 에일리언이나 요망한 정령이 여러분의 뉴런을 조종하는 게 아닙니다.

이 목소리, 우리 뇌의 라디오죠. 이 오디오가 머릿속 비디오와 손발을 맞췄다 하면 배겨낼 도리가 없습니다. 여러분은 멍하니 달나라에 가 있게 될걸요. 우리와 함께 지구에 발붙이고 살고 싶다면 위에서 가르쳐준 대로 두 손을 보면서 연습하세요. 손가락 아니라 다른 사물로

연습해도 사실 상관없습니다. 책을 읽으면서 이 문장에서 저 문장으로 넘어갈 때마다 자기 안의 목소리에 귀를 기울여보아도 좋고요.

머릿속으로

심상은 반성하고 이해하고 상상하고 설명하는 일에도 쓰입니다. 여러분은 팬케이크를 어떻게 만드는지 설명할 수 있나요? 그러자면 일단 머릿속 화면에 팬케이크 레시피 이미지를 띄운 다음에 여러분이 '보는' 것을 설명해야 할 겁니다. 수업시간에도 심상을 활용해야 할 때가 자주 있습니다. 하다못해 수학시간에 도형을 그릴 때도 그렇잖아요. 영상을 스크린에 쏘듯이 머릿속 백지에 도형을 투영해보고 나서 그리게 되지요. 심상은 실제 종이에 그려진 도형처럼 선명하진 않지만(당연한 거예요) 여러분이 도형을 그리는 데 도움이 됩니다. 도형을 그리기 위해 해야 하는 동작, 펜을 쥐었을 때의 느낌을 미리 떠올려보는 것도 도움이 되지요. 직접 한번 시험해보세요. 내가 그릴 삼각형을 상상하면서… 손에 쥔 펜의 촉감을 떠올리면서… 삼각형을 더 잘 그릴 수 있을 거예요!

생각만 해도 몸이 먼저…

머릿속 화면은 (팬케이크 레시피 같은) 어떤 것들을 떠올리고 (삼각형 그리기 같은) 작업할 때 아주 유용합니다. 연구자들은 심상과 우리 자신에게만 들리는 목소리를 이른바 작업기억이라고 부릅니다. (기억하는 작업하기, '작업기억'이란 단어가 딱 맞네요.) 작업기억 덕분에 우리는 방금 상상하거나 생각한 것, 이제 막 보거나 들은 것을 몇 초간 머릿속에 붙잡아놓을 수 있습니다. 여러분이 꼭 하고 싶은 질문을 잊지 않고 던질 수 있는 것도, 이제 막 책에서 읽은 문장을 잠시 기억할 수 있는 것도 작업기억 덕분이지요. 문제는, 작업기억은 주의력이 흩어지는 순간 흐려져버린다는 겁니다. 그러면 처음부터 다시 기억해야 하지요. 뇌는 이러한 수고를 피하기 위해 대책을 만들었습니다. 방해받기 싫으면 문을 닫아버리는 겁니다. 이 때문에 내가 정말 물어보고 싶은 질문이 있으면 다른 사람들이 하는 얘기가 귀에 잘 안 들어오고, 뭔가를 상상하는 데 정신이 팔려 있으면 코앞에 있는 물건이 눈에 들어오지 않습니다. (비디오게임을 하면서 집에서 학교까지 걸어간다고 생각해보세요, 쉽지 않을걸요. 쉽지 않다마다요.) 연구자들은 작업기억이 뛰어난 사람이 학교 공부도 잘한다는 것을 입증해 보였습니다. 당연하죠, 작업기억은 쓰이지 않는 때가 없거든요! 희소식은요, 작업기억도 훈련이 된다는 겁니다… 주의력을 유지하는 법을 배우고(주의력이 흩어지는 순간 작업기억도 흐려진다고 말했죠?) 차분함을 유지해보세요. 마음이 편안할수록 오랫동안 이미지를 기억 속에 붙잡아놓을 수 있답니다.

 우리는 가끔 머릿속을 스치는 이미지가 실제 현실이라도 되는 것처럼 반응합니다. 최면술 사들은 이러한 현상을 아주 잘 알지요! 최면에 걸린 사람은 자기가 뜨거운 사막 한가운데 있다고 상상하면서 외투나 스웨터를 벗어 던집니다… 그런데 우리도 우리 자신에게 최면을 걸 만한 힘이 있답니다. 어떤 이미지가 불현듯 머릿속에 떠올라 그 이미지와 관련된 뭔가를 하고 싶어질 때가 있지요? 찬장 속의 초콜릿을 떠올리기만 해도 가지러 가고 싶어지지 않나요? 휴대전화 생각이 나면 꺼놓았던 휴대전화 전원을 켜고 싶지 않나요? 마치 한창 진행 중인 영화 중간에 광고가 끼어들어 우리에게 뭔가를 하라고 부추기는 것 같지요. 이러한 심상들은 힘이 아주 세기 때문에, 원래 그럴 생각이 없었는데도 우리는 최면에 걸린 사람처럼 몸을 움직이게 돼요! 이제 이러한 기제를 PAM(즉석 행동 제안)이라고 부릅시다.

심적 행위

여러분은 고양이를 쓰다듬을 때 어떻게 하나요? 손놀림을 어떻게 할 건지 상상해보세요… 실제로 고양이를 쓰다듬어볼 필요는 없지만… 왼손을 쓸 건가요, 오른손을 쓸 건가요? 트램펄린 위에서 폴짝폴짝 뛸 땐 두 다리를 어떻게 하나요? 아니, 움직이진 말고요! 우리는 어떤 움직임을 머릿속으로만 상상할 수도 있습니다. 이 움직임은 다른 사람들에게 보이지 않지요. 이것이 바로 심적 행위입니다.

이제 오른손을 손바닥이 위로 가게 쫙 펼친 채 앞으로 뻗었다고 상상해보세요. (문장들을 일단 전부 읽고 이해한 다음 상상하세요. 읽기와 상상하기를 동시에 하려면 너무 어려우니까요.) 됐나요? 이제 손바닥을 아래로 향한다고 상상하세요… 엄지가 어느 쪽에 있나요? 지금 한 것도 심적 행위입니다. 여러분은 머릿속 화면에 띄운 이미지를 바꿨을 거예요. 이처럼 심상을 수정하는 심적 행위는 꽤 자주 하게 됩니다. 속으로 어떤 글을 암송하거나 노래하는 것도 심적 행위입니다. 여러분이 '머릿속으로' 하는 모든 것이 심적 행위예요. 또 어떤 예를 들 수 있을까요? 그러니까 차분해 보이는 사람이 머릿속은 과잉행동으로 터질 지경일 수도 있습니다. 얌전하게 있다고 해서 집중력이 좋은 게 아니랍니다!

이제 손가락이 위로 가게 쭉 뻗은 오른손을 천천히 틀어서 아래로 향하게 합니다… 조금 더, 그렇죠, 조금 더요. 그렇게 손목을 한 바퀴 완전히 틀어주세요. (머릿속으로 하는 행동이라는 전제가 깔려 있는 겁니다. 설마 실제로 하고 있는 건 아니죠?) 됐나요? 참 이상하지 않나요? 실제로 손목을 한 바퀴 돌린 것은 아니지만 뉴런들은 여러분의 몸을 아주 잘 알기 때문에 어떤 동작이 쉽고 어떤 동작이 수월하지 않은지 알려줄 수 있습니다.

다양한 분야의 챔피언들은 자기가 해야 할 동작을 상상하는 훈련을 합니다. 스키 활주로를 내려오는 동작, 체조 동작 따위를 머릿속으로 미리 해보는 것이지요. 뉴런들을 잘 준비시켜놓으면 실제로 그 동작을 수행할 때 몸을 더 잘 쓸 수 있으니까요. 심적 행위는 머릿속 화면과 목소리처럼 집중력에 도움을 줄 수도 있고 더 산만하게 만들 수도 있습니다. 결국 그때그때 다릅니다. 누가 자기에게 하는 얘기를 들으면서 머릿속으로는 춤을 추거나 페널티킥을 날리는 상상을 한다면 이 사람은 산만한 상태인 거죠. 움직이고 행동하는 상상을 하려면 그 자체로 꽤 집중력을 발휘해야 하거든요.

다음번에 숙제할 일이 있거든 숙제를 하면서 심적 행위가 필요한 순간은 언제인지 확인해보세요. 머릿속으로 뭔가를 그리거나 속으로 혼잣말을 해야 하는 순간이 있을 겁니다. 보면 알겠지만 그런 순간은 꽤 자주, 거의 항상 있답니다. 어떤 문장을 이해하려면, 반성적 사고를 하려면 말이지요… 머릿속 화면을 쓰지 않고 다음 두 문제를 해결할 수 있을까요?

[미취학 아동용 문제] "개미들이 경주를 하고 있습니다. 한 개미가 2등으로 달리던 개미를 앞질렀습니다. 이제 이 개미는 몇 번째로 달리고 있을까요?"

[그 외 독자들을 위한 문제] "나는 내 자리를 지키면서 전 세계를 여행할 수 있습니다. 나는 무엇일까요?" (정답은 우표입니다.)

심상이나 심적 행위를 동원하지 않고 사유를 하기란 매우 힘들지요.

머릿속 목소리도 심상 못지않게 유용합니다. 이 목소리 없이 노랫말이나 시를 외운다고 생각해보세요. 불가능할걸요! 방금 들은 내용을 공책에 필기할 때도… 속으로 말을 하지 않고는 해낼 수 없습니다. 이런 이유에서도 자석 뉴런이 여러분의 라디오방송국을 장악하게 내버려둘 수 없겠지요. 교실에서든 집에서든, 속으로 하는 말이 꼭 필요한 순간들을 잠시 떠올려보세요. 그 목소리가 집중력을 흐트러뜨릴 때도 있나요?

꿀벌의 춤

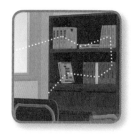

자, 이 문장 다음의 동그라미를 집중해서 보세요… ○… 주위에 있는 단어들이 잘 보이나요? 원한다면 다시 한번 해보세요. 우리 눈은 몇 센티미터 범위 이상을 보지 못합니다. 그래서 우리는 계속 눈동자를 움직여 시선을 옮기지요. 한 번에 한 곳밖에 볼 수 없으니까요. 주의력도 마찬가지입니다. 주의력은 한 번에 하나의 대상에만 쏟을 수 있습니다.

이제 글자 하나에 시선을 고정해봅시다. 가령 이 작은따옴표 안의 'ㅜ' 자를 보세요. 책을 눈에 더 가까이 가져가지 말고 그 상태에서 'ㅜ' 자의 윗부분 공백을 뚫어져라 주시하세요. 힘들다고요? 당연한 겁니다. 시선은 쉴 새 없이 딴 데로 튀려고 하거든요. 심지어 우리가 '시선이 머물러 있다'고 느끼는 순간에도 시선은 한 군데 가만히 있지 못합니다.

우리의 시선은 이곳에서 저곳으로 빠르게 이동할 뿐 아니라 어느 한 군데 놓이고 나서도 움찔움찔 움직입니다. 계속 움직여요, 꿀벌처럼요. 꽃무리 주위를 맴도는 꿀벌처럼 가만히 있지 못하고, 빠르기는 더 빠르지요. 크고 급

격한 움직임을 '요동친다'고 표현한다면, 시선이 이쪽에서 저쪽으로 한 번 요동치는 데 걸리는 시간은 0.05초 남짓입니다. 그야말로 순식간이 죠. 올림픽 금메달리스트 단거리 육상선수가 50센티미터 이동할 수 있는 시간이고요!

1부 만화로 돌아가 아무 데나 펼쳐 한 쪽을 몇 초간 읽고 나서 이 페이지로 돌아와 보세요… 만화에서 뭐가 눈에 들어왔지요? 꿀벌처럼 가만히 있지 못하는 시선이 특정한 부분으로 쏠리지 않던가요? 만화 속 등장인물의 얼굴일 수도 있고, 말풍선일 수도 있을 거예요. 이제 주위를 한번 둘러보세요. 시선이 아무 데나 머무는 것이 아니라 주로 어떤 사물들, 얼굴들, 문자들에 쏠린다는 것을 다시 확인할 수 있을 겁니다. 꿀벌이 주로 꽃에 머물다 가는 것과 마찬가지지요. (가게에 가게 되면 한번 더 확인해보세요.) 어디에 시선을 줄 것인지 스스로 선택한 기분이 드나요, 아니면 시선이 저절로 그쪽으로 향하나요? 잠깐만 생각해봐도 알겠지만 시선은 적어도 1초당 세 번은 움직이기 때문에 시선의 행방을 사실상 일일이 우리가 선택할 수는 없답니다. 그러기엔 시선이 너무 빨리 달아나지요! 어쨌거나 우리가 바라보는 곳은 언제나—우리가 의식하지 못하는 사이에—우리 뉴런들 중 일부가 공들여 고른 곳입니다. 우리 머릿속에 들어앉은 기계가 성능이 참 좋지요?

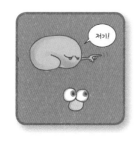

시선은 꿀벌처럼 부산스럽게 독자적으로 움직입니다. 우리는 시선의 이동을 모두 통제할 수 없다는 사실을 받아들일 수밖에 없어요. 시선은 자기가 습관적으로 향하는 것과 자기 관심을 끄는 것(정확히 말하자면 자석 뉴런들의 관심을 끄는 것)에 주로 쏠립니다. 시선은 여기저기 들쑤시고 킁킁대며 냄새를 맡는 개하고도 좀 비슷하지요. 개를 데리고 산책을 나간다고 해서 개의 움직임을 완전히 통제할 수는 없습니다. 개는 어느 정도 독자적으로 움직일 겁니다. 하지만 개가 제멋대로 가려고 할 때, 특히 차도로 뛰어들거나 한다면 목줄을 잡아당겨 저지할 수 있습니다. 여러분의 부산스러운 시선을 다루는 태도도 마찬가지입니다. 창밖이나 친구 얼굴로 쏠리려고 하는 시선을 다잡아서 칠판이나 지금 읽고 있는 책으로 끌고 올 수 있습니다. 집중력을 익히고 싶다면 요 꿀벌을 길들이는 법부터 연습하세요!

내가 머무는 곳을 구경해봐

부산스럽게 돌아다니던 시선이 어딘가에 머물면 어떤 대상이 눈에 들어오고… 땅! 뉴런들은 작업에 돌입해 이 대상을 가지고 습관적으로 하던 일을 하라고 부추깁니다. 가령 필통 지퍼가 보였다는 이유로 괜히 필통을 열었다 닫았다 딴짓을 하게 되지요! 시선은 이리저리 아무 데로 떠나버리기 십상이고 그때마다 바로 눈앞에 보이는 것 때문에 집중력이 깨지곤 합니다.

우리는 일단 어떤 물건이 눈에 들어와서 그것을 다루게 되는 경우가 아주 많습니다. 주위 사람들을 살펴보세요. 쉴 새 없이 시선이 끌리는 대로 움직이고 활동할 겁니다. 수업시간에 책상에서 뭔가가 떨어지면 아이가 그 물건을 주우려고 일어납니다. 떨어진 물건을 봤으면 주워야 하니까요! 또 어떤 아이는 병원 대기실에서 문을 자꾸만 열었다 닫았다 합니다. 문고리가 눈에 자꾸 들어오는데 문고리는 돌리라고 있는 거잖아요! (실제 있었던 일이에요. 의사 선생님은 결국 문을 잠가버렸답니다.) 텔레비전이 눈에 띄면 당연히 틀어줘야죠! 어라, 초콜릿이 있네? 그럼 먹어야죠! 여러분도 딱히 보고 싶은 프로그램도 없으면서 습관적으로 텔레비전을 튼 적이 있나요? 배가 전혀 고프지 않은데도 초콜릿을 발견해서 그냥 먹어버렸나요? 그런 게 바로 습관의 힘입니다.

우리가 산만해지는 이유는 우리의 시선이 먹음직스러운 뼈다귀를 찾는 개처럼 주위를 휘젓고 다니기 때문입니다. 시선이 뭔가에 꽂히는 순간, 우리의 자질구레한 자동적 몸짓에 시동이 걸립니다… 그래서 처음에는 그럴 생각이 없었는데도 필통을 가지고 장난치거나, 창밖을 하염없이 바라보거나, 뒷자리에 앉은 친구와 수다를 떨게 됩니다. 자, 이제 적어도 딴짓을 하게 되는 이유는 알겠지요? 여러분의 꿀벌에게 주인 노릇을 하려면 언제 그 녀석을 좀 편하게 풀어주고 언제 좀 다잡아야 할지 잘알아야 합니다.

여러분이 지나치게 산만한 편이라면 여러분의 꿀벌이 무엇을 하고 있는지부터 살펴보세요. 녀석이 사방을 누비고 다니나요? 녀석이 뭘 찾고 있는데요? 꿀벌이 가야 할 곳은 어디인가요? 꿀벌을 차분히 불러들일 수 있겠어요? 어떤 물건을 사용하거나 조작하기 전에는 대개 그 물건에 시선이 머물게 됩니다. 그 물건이 보이면 마치 더이상 볼 필요가 없다는 듯, 눈을 떼고 손에 맡겨버리지요. 꿀벌 모는 법을 훈련하고 싶다면 이렇게 해보세요. 이번에는 어떤 물건이 눈에 띄거든 끝까지 눈을 떼지 말아보세요. 손으로 다루는 동안은 물론, 사용이나 조작이 완전히 끝날 때까지 말이에요. (저녁 상차림을 돕거나 책가방을 쌀 때 해보세요.)

시리얼 상자 뒷면에 그려진 미로 찾기 놀이를 본 적 있나요? 출구를 찾으려면 시선을 길에 고정하고 잘 따라가야 합니다. 중간에 길에서 눈을 떼고 딴 데를 보면 처음부터 다시 시작해야 하지요. 미로 찾기도 꿀벌 모는 법을 익히는 아주 좋은 연습입니다. 책 읽기도 좋은 훈련이고요. 여러분의 꿀벌이 지금 눈앞에 있는 문장을 읽는 동안, 길을 따라가듯 단어들을 차례차례 따라가야지 엉뚱한 데로 날아가면 안 됩니다. 꿀벌 이미지가 요긴하다 싶으면 이 꿀벌의 크기를 그때그때 달리 상상해보세요. 특정 지점을 바라볼 때는 꿀벌이 아주 작다고 상상하고, 넓은 지대를 조망할 때는 훨씬 더 큰 꿀벌을 상상하는 거예요. 그러면 꿀벌이 무엇을 하는지 감시하기가 좀더 수월할 겁니다.

지각… 행위… 지각… 어이구야!

뇌에서는 매사가 아주 빨리 진행됩니다. (이제 리듬을 타면서 읽어주세요.) '왼쪽에 컵이 하나 있네, 시선을 그쪽으로. 핫초코 담겨 있는 거 보이지. 너 초콜릿 아주 좋아하잖아. 자, 컵을 들고 입으로 가져가자… 음료가 식었네… 너는 차갑게 식은 핫초코는 좋아하지 않아. 컵을 내려놓고 일어나서, 전자레인지로 다시 데우자… 지각하고, 움직이고, 지각하고, 움직이고… 이런 게 생활의 리듬.' 결론적으로 말하면, 지각은 매번 새로운 행위를 촉발합니다. 그 행위가 우리를 다시 새로운 지각으로 끌고 가고, 지각은 다시 행위를 촉발하고… 이 과정이 빠르게, 아주 빠르게 일어나는데 놀랍게도 오류는 거의 없습니다. 고작 1킬로그램 남짓한 뇌가 이렇게 잘해주고 있으니 박수 한번 보내주세요!

아무 단어나 열 개를 떠올리면서 하나씩 말해보세요. (자, 기다릴 테니 해보세요.) 이번에는 이 문장을 소리내어 읽든가 아무 말이나 한번 해보세요. 아까 단어들을 골라서 말할 때보다 말하는 속도가 빨라지지 않았나요? 우리가 하는 말이나 사소한 행동을 일일이 선택해서 해야 한다면 매사가 느려터지고 답답할 겁니다. 하지만 말이나 행동이 너무 빨라도 엉뚱한 단어가 입에서 튀어나오거나 실수를 하기 쉽지요. 멍청해서 그런 게 아닙니다. 단지 뉴런들이 과속을 하고 있을 뿐이에요. 이런 현상을 겪을 때 여러분이 할 수 있는 일은 속도를 늦추는 것밖에 없습니다. 천천히… 주의력을 여러분이 원하는 지점으로 다시 데려가세요.

누구라도, 위대한 운동선수나 예술가라도, 집중이 잘 안 될 때가 있습니다. 집중이 안 되면 짜증이 나지요! 주의력을 완벽하게 다스릴 수 있는 사람, 자기 뇌의 모든 것을 통제할 수 있는 사람은 없습니다. 하지만 여러분이 집중력을 키우려고 노력한다면 그 노력을 막을 사람도 없습니다. 노력하고 또 노력하면 반드시 점차 좋아집니다!

머릿속에 태풍이 일 때

정리해볼까요. 우리 뇌에는 라디오(자기에게만 들리는 목소리), 텔레비전(심상), 심지어 (심적 행위를 수행할 수 있는) 비디오게임기까지 있습니다. 우리는 수시로 자질구레한 메시지, 이미지, 동영상, 광고(PAM)까지 받고 있습니다. 자, 뭔가 생각나지 않나요? 그렇죠, 트위터, 페이스북, 유튜브, 인스타그램, 문자메시지가 바로 그렇잖아요… 뇌는 인터넷과 휴대전화가 발명될 줄 몰랐던 게지요. 모든 것이 머릿속에 이미 있는데 기분 전환할(주의력이 산만해질) 거리를 찾을 줄이야.

그뿐만 아니라 뇌 속에 쌓여 있는 1000억 개의 뉴런은 끊임없이 습관대로 반응하도록, 열일 제쳐놓고 우리가 좋아하는 일만 하도록 만들려 합니다. 그러니 우리가 때때로 집중하기 힘들어하는 것도 당연한 일이지요. 이렇게 이따금 태풍이 휘몰아치는 바람에 평균대에서 뚝 떨어지기도 합니다! 하지만 안심하세요, 이제 여러분은 뇌를 더 잘 알게 되었고 머릿속에서 어떤 일이 일어나는지도 이해하게 되었습니다. 게다가 모두들 똑같은 문제를 안고 있는걸요. 어른들도 수시로 집중력이 흐트러진답니다. 차이가 있다면 어른들은 그러한 힘들을 알아채고 저항하는 법을 배울 시간이 여러분보다 더 많이 있었다는 거죠… 자, 우리도 이제 그 요령을 알아봅시다.

명령에 따르겠나이다, 폐하

'대장 뉴런'은 연구자들이 실제로 사용하는 명칭이 아닙니다. (뉴런들이 대장 완장을 차고 있는 것도 아니고요.) 어쨌든 이 뉴런들은 함께 힘을 합쳐 여러분이 하려는 일과 그러기 위해 집중해야 하는 대상을 잊지 않도록 머릿속에 붙들어놓습니다. 그러다가 여러분이 다른 활동으로 넘어가면, 다른 이웃 뉴런들이 바통을 이어받습니다. 원숭이에게 컴퓨터 사용법을 가르쳤던 연구자들이 있었는데, 그들은 원숭이의 '대장 뉴런들' 소리에 귀를 기울임으로써 원숭이가 무엇을 하려고 하는지 예측할 수 있었습니다. 이 뉴런들은 우리 머리에서 이마 바로 안쪽에 위치한 부분, 이른바 전전두엽 피질(cortex préfrontal)에 모여 있습니다. 프랑스어에서 'front'은 '이마'라는 뜻이고 접두사 'pré'는 '앞'을 의미합니다. '역사(histoire)'라는 단어에 'pré'가 붙으면 '선사(préhistoire)'가 되는 것처럼요. 그러니까 전전두엽 피질은 우리 뇌에서 가장 앞쪽에 위치해 있다는 뜻의 단어입니다.

뇌는 영역별로 어른이나 아이나 대부분 별다른 차이 없이 기능합니다. 어른의 뇌에서도 아이의 뇌에서도 시각 피질은 똑같이 뭔가를 보는 데 관여합니다. 그런데 전전두엽 피질은 그렇지가 않아요. 전전두엽 피질은 인간이 태어나 어른이 될 때까지 계속해서 성장하고 기능이 향상되는 영역입니다. 그렇기 때문에 만 열여덟 살은 되어야 미성

녀자 신세를 벗어나… 진정한 자유를 행사할 수 있어요! 그렇지만 어린이 여러분이 이미 가지고 있는 대장 뉴런들을 최대한 잘 사용하는 연습은 아주 유익하답니다.

어떤 행동을 하면서 정말 아무것도 의도하지 않기란 힘듭니다. 우리는 항상 뭔가를 하려는 도중에 있지요. 걷고 있다면 어디로 가겠다는 의도가 있을 겁니다. 말을 하고 있다면 뭔가 표현하려는 의사가 있을 테고요. 정말 아무 의도도 없이 뭔가를 할 때가 있을까요?

하지만 의도하지 않은 행동을 할 때는 제법 많이 있습니다. '일부러' 한 것이 아닌 행동들 말입니다. 축구선수가 득점을 하면서 핸들링을 범했다면, 심판은 그 선수가 '일부러' 그랬는지 아닌지 판단할 것입니다. 그 선수가 의도적으로 손을 썼다면, 애초에 반칙을 할 의도가 있었고 그의 대장 뉴런들이 반칙 행위에 동의한 것이기 때문에 경고 혹은 퇴장 카드를 받게 됩니다. 또는 그게 아니라 그 선수가 습관적으로, 자기를 보호하기 위해 반사적으로 반응했을 수도 있습니다. 의도란 정말로 그렇게 하려고 결심한 바를 뜻합니다.

창가에 서서 여러분 집을 찾아오고 있는 친구를 바라보고 있다고 상상해보세요. 그 친구가 갑자기 엉뚱한 방향으로 돌아선다면 당장 창문을 열고 그쪽 길이 아니라고 큰소리로 말해주고 싶을 겁니다. 당연한 일이죠. 대장 뉴런들도 비슷한 입장에 있습니다. 이 뉴런들은 여러분이 일을 엉뚱한 방향으로 진행할 때, 여러분이 자기가 하고자 하는 바(의도)에 도움이 안 되는 짓을 할 때, 그러지 말라고 알려줍니다. 예를 들어, 무슨 말을 하다가 잘못 말했다 싶을 때가 있지요? "나 어제 레아를 봤어… 아, 아니다, 레아가 아니라 클레아였어." 레아가 톰과 손잡고 걸어가는 모습을 봤다는 얘기가 여기저기 퍼지기를 원치 않는다면, 여러분은 금방 자기가 한 말을 정정할 겁니다. 이렇게 여러분이 하는 말을 감시하고 실수가 있으면 바로 알려주는 뉴런들이 있답니다. 한편, 분명한 의도(클레아가 톰과 데이트했다고 말하려는 의도)가 있을 때는 대장 뉴런들이 적합한 어휘와 적합한 행동을 선택하는 데 도움을 줍니다.

의도를 기억하는 뉴런들과 "그만!"을 외치는 뉴런들, 혹은 다른 뉴런들을 깨우는 뉴런들이 꼭 일치하지만은 않습니다. 모든 왕국이 그렇듯, 여기에도 왕이 있는가 하면 재상도 있습니다. 장군이 있는가 하면 고문도 있습니다. 그렇지만 궁정 전체를 세세하게 묘사하기가 까다로운 것처럼 뉴런들을 하나하나 따지려면 여간 어렵지 않지요. 그러므로 (적어도 이 책에서는!) 명령을 내리는 뉴런들은 모두 '대장 뉴런'으로 통칭하겠습니다.

철학 시간

"어쩔 수가 없어요!" "나도 어떻게 할 수가 없었어요!" 스스로 어떤 행동을 자제해야 할 때는 누가 누구를 저지할까요? 내가 나를 억누르거나 방해하는 건가요? 알쏭달쏭하네요… 사실은요, 다른 뉴런들이 아무 일이나 하지 않도록 대장 뉴런들이 억제를 하는 겁니다. 그러니까 '나는 자제한다'에서 주어에 해당하는 '나'는 대장 뉴런들을 의미합니다만… 그럼, 다른 뉴런들은 '나'가 아닌 건가요, 역시 알쏭달쏭하네요…

사실, 우리는 뉴런들의 총체와 나머지 신체로 이루어져 있습니다. 이 사실을 받아들이고, 이따금 우리 자신이 괴상한 짓을 하더라도 놀라지 마세요. 원래 우리는 그렇게 생겨 먹었답니다. 인간은 아주 작은 것들이 모여 있는 존재이고, 그것들 사이에 늘 합의가 이루어지지는 않거든요. 네, 정말로 알쏭달쏭하지요… 하지만 겁내지 마세요. 대체로 다 잘 해결되니까요.

바람에 날리는 비닐봉지처럼

원숭이들에게도 전전두엽 피질이 있습니다. 네, 동물들에게도 전전두엽 피질과 대장 뉴런이 있답니다. 그렇지만 인간에 비하면 대장 뉴런의 수와 성능이 한참 떨어지지요. 전전두엽 피질이 가장 발달한 생물은 우리 인간이고, 전전두엽 피질의 발달은 다른 영장류, 고양이, 햄스터 등과 인간이 가장 큰 차이를 보이는 특징이기도 합니다. 전전두엽 피질이 이렇게까지 발달하지 않았다면 인간도 우리 안에서 쳇바퀴를 돌리고 있을지 모릅니다….

리모컨 →

대장 뉴런은 배의 방향을 정하는 선장과 비슷한 역할을 합니다. 선장이 잠들면 어떻게 될까요? 배는 강풍과 파도에 이리저리 떠밀리다가 좌초할지도 모릅니다. 뇌에 몰아치는 강풍과 파도는 우리의 습관, 두려움, 욕구입니다. 이 같은 습관, 두려움, 욕구에는 자석 뉴런들이 작용하지요. 어떤 사람들의 대장 뉴런들은 힘과 권위가 없습니다. 그래서 이런 사람들은 충동적으로 행동하게 되는데요, 여러분 주위에도 그런 사람들이 있나요?

대장 뉴런들의 컨디션이 늘 좋지는 않습니다. 예를 들어 밤늦게까지 컴퓨터 화면을 들여다본다면 대장 뉴런들은 잠들어버리고… 컴퓨터를 도저히 끌 수가 없을 겁니다. 이게 함정이에요. 우리는 컴퓨터를 하면서 스트레스를 풀고 휴식을 취한다고 생각하지만 정작 우리 뇌는 수면이 필요하다는 거죠. 뇌라는 배에 선장이 없으니, 우리 배는 다른 대장 뉴런들, 즉 항구에 남아 있는 다른 선장들의 지시대로 운항할 수밖에 없습니다. 어른이 선장 대행이 되어 이제 그만 컴퓨터를 끄고 잠자리에 들라고 말하는 것이지요. 실제로 부모님은 아이들의 배를 원격조종해야 할 때가 많습니다. 아이들 배의 본래 선장은 아직 너무 어려서 쉽게 잠들어버리거든요.

얘기를 한창 하다가… 입을 다물고 바보 같은 표정을 지을 때가 있습니다. "미안, 내가 무슨 말을 하려고 했더라." 이렇게 자기가 하려고 했던 말을 까먹거나, 뭔가를 찾으러 다른 방에 가놓고서 뭘 가지러 왔는지 잊을 때가 있지요. "내가 여기서 뭘 하는 거지?" '산만하고' '얼떨떨하고' '정신이 딴데 가 있는' 상태입니다만… 심각하게 생각할 필요는 없습니다. 우리의 의도를 기억해주는 대장 뉴런들이 잠들었을 뿐이니까요.

 대장 뉴런이 잠들 때마다 깨워주는 자명종이 있다면 얼마나 좋을까요… 하지만 그런 자명종은 없습니다. 그 결과, 휴대전화를 조금 오래 만지작거리면서 놀았을 뿐인데 역사 숙제를 할 시간이 없다는 현실을 깨닫게 되는 거죠. 평균대 옆에서 한참을 빈둥거리고 있다가 '아, 내가 떨어졌구나' 하고 뒤늦게 깨닫는 격입니다.

지휘자는 누구?

대장 뉴런에게 가장 힘든 일은 자기가 깨워야 할 뉴런들을 찾는 것입니다. (그럼요, 뉴런은 1000억 개나 있으니까요!) 그에 비하면 이미 작업에 들어간 뉴런들을 각성 상태로 유지하는 것은 별로 어려운 일도 아닙니다. 그러므로 이미 지각한 것에 대해 집중력을 유지하기가 훨씬 쉽습니다. 여러분이 누가 하는 말이나 음악을 듣고 있다면, 주의력을 그 소리에 최대한 오랫동안 붙들어놓기만 해도 집중 상태가 유지될 겁니다. 대장 뉴런들이 이 소리를 듣는 뉴런들을 활성화 상태로 유지시키거든요. 이처럼 어떤 감각에 주의력을 붙잡아 매두는 법을 연습하면 집중력 향상에 크게 도움이 됩니다.

한번 다르게 해볼까?

어쩌면 이 연습문제를 이미 알고 있을지도 모르겠네요. 자, 다음 단어들이 무슨 색으로 쓰여 있는지 차례대로 말해보세요. 이게 왜 이리 어려울까요?

노랑 초록 빨강 파랑 검정 파랑

이제 색깔에 신경쓰지 말고 그냥 단어를 쭉 읽어보세요. 훨씬 쉽지요? 첫 번째 문제가 더 어려운 이유는, 눈에 보이는 단어를 그대로 읽으면 안 되기 때문입니다. 다시 말해, 평소 습관적으로 하는 일을 하면 안 되는 거예요. 이렇게 습관을 거스르는 일을 할 수 있는 것도 대장 뉴런들 덕분입니다. 모두들 어떤 단어가 눈에 띄면 일단 읽고 보는 습관은 있어도, 그 단어가 무슨 색으로 쓰여 있는지 따지는 습관은 없으니까요. 대장 뉴런들은 우리가 지각한 것에 대한 반응을 바꿀 수 있게 해줍니다. 단, 우리가 지시사항을 잊어버리면 다 허사가 되죠.

대장 뉴런들이 없다면 우리는 아무것도 배울 수 없을 겁니다. 뭔가를 배우려면 자연스럽지 않은 것, 습관적이지도 않은 것을 여러 번 반복해야 합니다. 평영 동작이 처음부터 자연스럽게 나오지는 않습니다. 그래도 자꾸 하다

보면 습관이 들고, 그때부터는 굳이 대장 뉴런들을 소환하지 않아도 동작을 잘 구사할 수 있습니다. 기타 코드를 배우거나 피아노 음계를 익히는 것도 마찬가지입니다. 학습은 상당한 집중을 요구합니다. 배운 것을 충분히 반복하면서 다른 뉴런들도 알아서 잘할 수 있을 때까지 대장 뉴런들을 활발한 상태로 유지해야 하기 때문입니다.

PIM(핌)!

비디오게임을 할 때는 캐릭터를 통제할 수단, 가령 조종용 스틱 따위가 있어야 합니다. 여러분은 목표를 이룰 때까지 이 스틱으로 캐릭터를 계속 움직일 겁니다. (네, 그렇게요… 책 읽기를 멈추고 잠시 상상해보세요.) 집중하는 동안에도 주위에서 일어나는 일이나 머릿속에서 일어나는 일을 계속 통제하려고 노력해야 합니다. 또 손바닥에 기다란 막대기를 세우고 떨어뜨리지 않으려면 손을 미세하게 움직여가면서 막대기의 균형을 잡아줘야 합니다. (네, 쉽지 않아요.) 게임을 하면서 캐릭터에서 눈을 떼면 안 되듯이, 막대기에서도 눈을 떼면 안 됩니다. 주의력을 온전히 쏟아야 하지요… 그러지 않으면 주의력이 아무렇게나 흩어져버릴 겁니다. (이를테면 딴 데를 본다든가.) PIM은 여러분이 주시해야 할 것(막대기 혹은 게임 캐릭터), 통제 방법(손을 계속 움직인다 혹은 스틱을 조작한다), 성취해야 할 목적(막대기가 쓰러지지 않게 한다 혹은 캐릭터를 다음 단계로 진출시킨다)을 일깨워줌으로써 집중을 유지하도록 도와줍니다. 풀어진 신발끈이나 눈앞의 벽 색깔에 정신이 팔렸다가는 캐릭터나 막대기가 쓰러져도 못 알아차리겠지요. 우선시해야 할 지각은 막대기에 대한 것이지, 눈앞의 벽에 대한 것이 아닙니다. 막대기가 쓰러지는 순간에 고함만 지른다면 잘못 반응한 겁니다. 재빨리 손을 움직여야지, 입을 움직일 필요는 없으니까요. 여러분이 이 상황에서 막대기가 예쁘기 때문에 바라본다고 생각한다면, 의도를 착각한 것입니다. 여러분의 목적은 감탄하는 것이 아니라 막대기를 똑바로 세우는 것이니까요. PIM, 요컨대 지각, 의도, 행동 방식(반응 방식)을 기억하세요. 여러분의 대장 뉴런들은 PIM을 좋아합니다. PIM이 그들의 일거리를 덜어주기 때문이지요! PIM이 확실히 파악되면 대장 뉴런들은 어떤 뉴런들을 깨워서 함께 일하게 해야 하는지 정확하게 알 수 있습니다.

신호등을 보듯이

집중력 길들이는 법을 배우기에 앞서, 먼저 집중해야 하는 순간들을 제대로 알아야 합니다. 평균대 이미지가 이번에도 도움이 될 겁니다. 집중을 하지 않는다면 평균대 이쪽 끝에서 저쪽 끝까지 걸어갈 수 있을까요? (아, 폭이 꽤 넓은 평균대라면 그럴 수 있을지도 모르죠.) 집중력이 흐트러지면 떨어져서 다칠 수도 있지 않을까요? (평균대가 낮다면 괜찮을 겁니다.) 오랫동안 집중력을 유지해야 할까요? (평균대 길이가 짧다면 그럴 필요가 없겠네요.) 다음의 과제들을 예를 들어 폭, 길이, 높이가 서로 다른 평균대들에 비유해봅시다.

- 집에서 수학 연습문제 풀기: 폭은 좁지만 높이가 낮고 길이도 짧은 평균대. (문제가 쉽지 않을 수 있지만 집중력이 흐트러져도 다시 하면 되니까 문제될 것이 없지요!)
- 친구들과의 토론: 길지만 폭이 넓고 높이도 낮은 평균대 아닐까요? 아, 물론 시끄러운 카페에서 외국 친구들과 외국어로 토론하는 경우라면 얘기가 다르지요. 이때는 폭이 좁은 평균대에 비유될 수 있을 겁니다.
- 도로에서 달리는 자동차 사이를 요리조리 빠져나가며 자전거 타기: 폭이 좁고 길이가 길고 굉장히 높은 평균대… 떨어지면 큰일납니다!
- 자전거 전용도로에서 자전거 타기: 폭이 넓고 길이는 길고 높이는

낮은 평균대. (자전거를 탈 줄만 안다면 말이지요.)

- 텔레비전에서 해주는 유치한 (그리 흥미롭지도 않은) 방송 프로그램 시청: 폭이 넓고 길이는 길고… 낮다 못해 땅바닥에 거의 붙어 있는 평균대.
- 고리를 전선에 끼운 다음 전선에 닿지 않게 통과시키기: 짧고 낮지만 폭은 아주 좁은 평균대.
- 좀비 열 명에게 쫓기면서 도망치기: 길고 좁고 높은 평균대. (뇌를 먹혀버릴 위험이 있죠.)

쉬운 데다가 전혀 위험하지 않은 일을 하면서도… 그저 본인이 즐기기 위해서 집중할 수도 있습니다. 할머니가 오랜 시간 공을 들여 여러분이 제일 좋아하는 음식을 만들어주셨다면 온전히 집중해서 그 맛을 즐기고 싶을 겁니다. 또 좋아하는 아기 고양이 캐릭터가 나오는 새 만화영화를 인터넷으로 볼 수 있다면 처음부터 끝까지 방해받지 않고 집중해서 보고 싶겠지요.

자기가 집중하면서 했던 일은 더 기분 좋은 기억으로 남지 않나요? 여러분도 가끔 그런 기분을 느끼나요?

내가 뭘 하려고 했더라?

대장 뉴런들은 어떻게 깨울 수 있을까요? 아주 간단한 방법이 하나 있습니다. 그건 바로 여러분이 무엇을 하고 싶은지 분명히 파악하는 겁니다. 가령, 이 문장에서 'ㅇ'이 모두 몇 개인지 세어본다고 합시다. 여러분은 머릿속 화면에 'ㅇ'을 띄워놓고 단어들을 하나하나 뜯어볼 것입니다. 또 손님상을 차린다고 하면 일단 상차림이 완성되었을 때의 모습을 상상할 수 있을 거예요. 어떤 요리들을 낼지, 접시, 포크와 나이프, 잔 따위를 어떻게 배치할지 머릿속에 그려보아야 하겠지요. (여러분도 해보세요. 누구든지 이런 상상을 하면 기분이 좋아진답니다!) 여러분이 풀어야 하는 문제집이 책상에 놓여 있는 광경, 방바닥에 널려 있던 옷가지가 말끔히 정리된 광경, 여러분이 방문하려고 하는 웹페이지를 머릿속에 떠올려보세요. 그 정도만 해도 대장 뉴런들은 충분히 깨어납니다. 대장 뉴런들이 좀 물렁해졌다 싶으면 심상을 떠올리기만 하면 됩니다! 대장 뉴런들은 심상을 아주 좋아합니다. 그래서 성공적인 결과의 이미지를 떠올리기만 해도 거기까지 가는 길은 이 뉴런들이 스스로 찾아내지요… 그 길이 너무 복잡하지만 않다면 말입니다. 그렇기 때문에 의도는 늘 단순하고 명확하게 해두는 편이 좋습니다.

여러분도 질문에 '응'이나 '아니' 같은 대답을 하면 지는 게임인 '예스노' 게임을 해보았을 겁니다. 이 게임은 언뜻 쉬워 보이지만 사실은 그

렇게까지 쉽지 않습니다. 특히 대답을 아주 빨리 하려고 하면 정말로 쉽지 않아요! 이 게임을 잘하려면 습관적인 대답을 자제해야 합니다. "그동안 잘 지냈지?"라는 말을 들으면 습관적으로 "응"부터 튀어나오게 마련이지요.

대장 뉴런들이 정신 차리고 깨어 있어야만 "응" 혹은 "아니"라고 자동적으로 대답하게 하는 뉴런들을 잘 옥죄어놓을 수 있습니다. 이때 우리는 함정에 빠지지 않고 "잘 지내다마다"라는 식으로 다르게 대답할 수 있지요. 그런데 게임이 빠르게 진행될수록 대장 뉴런들이 다른 뉴런들에게 손쓸 시간이 부족해지고 여러분이 함정에 빠질 확률은 높아집니다. 기억하나요, 대장 뉴런들은 웬만큼 시간이 흐르면 필시 잠들고 만다는 것을요. 여러분이 한순간이라도 지시를 잊으면 게임에서 지는 겁니다… 우우. '예스 노' 게임은 대장 뉴런들이 얼마나 금방 잠들어버리는지 깨닫게 해준답니다.

대장들끼리의 싸움

우리는 이따금 여러 가지 일을 한꺼번에 하려고 합니다. 미처 의식도 못한 채 그러는 경우도 많지요. 수학 문제를 풀면서 문제집 여백에 웃기는 낙서를 하거나 문자메시지에 답문을 보내거나 머리카락을 손가락으로 배배 꼬거나, 심하게는 그 와중에 동영상까지 봅니다. 요즘은 여러 가지 일을 동시에 처리하는 것을 컴퓨터가 여러 프로그램을 동시에 돌리는 양상에 빗대어 '멀티태스킹'이라고 부르지요. 문제는 사람이 이렇게 여러 가지 일을 동시에 하려고 하면 대장 뉴런들끼리 싸움이 난다는 겁니다. 어떤 대장 뉴런들에게는 동영상 시청이 제일 중요하고, 또다른 대장 뉴런들에게는 수학 문제 풀이가 제일 중요합니다. 결국 뭐가 제일 중요한지 뇌 속에서 딱 정해지지가 않아요. 그래서 이것저것 신경쓴다는 말은 어떤 것에도 제대로 신경쓰지 못한다는 말과 똑같습니다. 이것도 조금 건드리다가, 저것도 조금 건드리다가 하면서 끊임없이 헤매게 되는 것이지요. 우산 하나를 가지고 다섯 명 모두에게 씌워주려고 하면 어떻게 될까요? 그 마음 씀씀이는 고맙지만, 안 되는 건 안 되는 거죠.

뇌 속에서 대장 뉴런들은 같은 뉴런들을 붙잡고 전혀 다른 일을 시키기도 합니다. 고개를 왼쪽으로 돌리라는 지시와 오른쪽으로 돌리라는 지시를 동시에 받는다면 어떻게 할까요… 이건 어떻게 할 수가 없

습니다! 뉴런들은 이렇게 모순된 지시들을 이해할 수도 없고 어느 쪽을 따라야 하는지도 알 수 없습니다.

그러면 대장 뉴런들은 다른 뉴런들이 자기 말을 안 듣는다면서 불평하고 화를 냅니다. 대장 뉴런들이 화가 나면 뇌 속에 비상신호가 켜지고 우리는 뭔가가 잘못되어가는 기분이 듭니다. 그러한 비상신호는 여러분을 긴장시키고 뭔가 조치를 취하게 합니다. "아, 이러면 안 돼, 정신 차리자!" 이 신호는 고통, 혐오, 스트레스에 특히 민감한 뇌 영역에서 일어납니다. 불쾌한 느낌을 자아내어 태도를 바꾸게 하려는 것이지요. 대장 뉴런이 하려는 일의 긴급한 정도나 중요성에 따라서 불쾌감은 심할 수도 있고 대수롭지 않을 수도 있습니다. 때로는 우리를 완전히 공황 상태로 몰고 갈 수도 있어요!

이제 문제가 뭔지 알겠어요? 동시에 여러 가지 일을 하려고 하면 불만을 품는 대장 뉴런이 생기게 마련이고 여러분은 짜증이 날 겁니다. 이럴 때는 어떻게 하느냐고요? 맨 먼저 떠오르는 방법은 문제 풀이를 집어치우고 동영상만 보면서 불만 가득한 대장 뉴런을 잠재우는 겁니다. 하지만 그 대장 뉴런이 자기 일을 잘하고 있었는데 이런 식으로 재워버린다면 너무 아깝지요. 대장 뉴런을 다시 깨우려면 때로는 상당한 시간과 수고가 들거든요. 게다가 그 대장 뉴런이 자기에게 필요한 다른 뉴런들을 찾아내 하나하나 깨우는 과정도 필요하잖아요. 여러분도 어떤 글의 내용을 다 잊어버려서 다시 읽고 이해해야 했던 적이 있다면 알 겁니다. 그런 식으로 낭비되는 시간과 에너지가 아깝지 않나요? 또다른 방법(더 좋은 방법)은 여러 가지 일을 동시에 하지 않는 것, 한 번에 한 대장 뉴런만 앞세우는 것입니다. 그리고 깨우기 힘든 수학반 뉴런부터 대장을 시켜주면 좋지 않겠어요?

점선을 따라 자르시오

 복잡한 일 두 가지를 동시에 하는 것은 두 가지 종류의 케이크를 동시에 만드는 것과 비슷합니다. 케이크를 하나씩 만들 때보다 진행은 빠르지만 훨씬 더 피곤하고 과정도 쉽지 않지요. 집중이 잘 안 될 때는 '내가 지금 두 가지 케이크를 동시에 구우려고 하는 건 아닐까?' 꼭 생각해보세요.

 두 사람이 동시에 큰 소리로 말하면 그들이 하는 말을 잘 알아들을 수 없습니다. 친구를 두 명 불러서 한번 시험해보세요. 한 명은 여러분 오른쪽 귀에 대고 얘기하고 다른 한 명은 왼쪽 귀에 대고 얘기하라고 하는 거예요. 알겠지요? 그렇지만 우리는 시시때때로 미처 깨닫지도 못한 채 여러 가지 일을 한꺼번에 하려고 합니다. 다음 사례들은 여러분도 겪어보았을 겁니다.

• 모두가 들을 수 있게 큰 소리로 책 읽기(내용을 이미 아는 책이 아니라 낭독과 동시에 책 내용을 파악하려고 하는 경우): 이렇게 읽으면 내용을 잘 파악할 수 없고, 내용을 이해하려고 애쓰면 목소리가 작아지면서 낭독이 잘 안 됩니다.
  해결책: 안됐지만 나중에 혼자 다시 한번 읽으세요.

116

- 질문할 내용을 머릿속에 간직한 채 수업을 끝까지 잘 듣기: 질문을 잊어버리거나 수업에 온전히 집중할 수 없게 됩니다.

  해결책: 공책에 재빨리 질문의 핵심 단어를 적어놓고 수업 듣는 데만 집중하세요.

- 자기가 쓴 글 다시 읽기: 원칙적으로는 아무 문제도 없지만, 맞춤법이나 문법상의 오류를 잡아내는 동시에 글을 전체적으로 잘 썼는지 파악하려고 하면 힘들어집니다.

  해결책: 처음 한 번은 그냥 쭉 읽으면서 흐름과 문체만 보세요. 그리고 두 번째는 글의 내용을 보려고 하지 말고 문법 교정만 보세요.

- 청중의 반응을 살피면서(저 사람들이 나를 어떻게 볼까 생각하면서) 발표하기(혹은 연주하기): 내가 해야 할 말이 아니라 나 자신에 대한 생각에 빠지게 되면서 말이 꼬이기 시작할 겁니다… 여차하면 얼굴이 빨개질지도 모르고요.

  해결책: 발표나 연주에만 전념하세요. 내 꼴이 우스워 보이지 않을까는 나중에 생각하세요.

- 책을 읽으면서 '이 책 정말 끝내주게 지겨워'라고 계속 생각하기.

  해결책: 책이나 읽으세요. 그 책이 정말 그렇게까지 재미없고 지겨운지는 다 보면 알겠지요… 지루하게 느껴지는 수업에 대해서도 마찬가지입니다.

• 얼음판에서 넘어지면 어떡하나 걱정하면서 스케이트 타기.

해결책: 스케이트나 타세요. 넘어지면 어떡할지는 실제로 한번 넘어져보면 알 수 있잖아요.

 사실은… 이 일을 하면서 저 일을 할 수도 있습니다. 일례로, 친구와 함께 자전거를 타고 가면서 이야기를 나누기는 그리 어렵지 않습니다. 왜 그럴까요? 자전거를 많이 타본 사람은 대장 뉴런들의 도움을 거의 받지 않고도 자전거 타기 담당 뉴런들이 알아서 이 행동을 처리할 수 있거든요. '자전거가 쓰러지려고 할 때의 대응 방법'을 굳이 기억해내지 않아도 자동으로 대응할 수 있게 되는 것이지요. 따라서 여러 가지 일을 동시에 하더라도 대장 뉴런이 필요한 일이 그중 한 가지뿐이라면 괜찮습니다. 나머지 일들은 다 자동으로 처리할 수 있으니까요. 그러니까 다리를 움직여 걸어가기, 물 마시기, 누가 내 이름을 부를 때 고개 돌리기 등은 (매번 그래야 하는 것은 아니지만…) 동시에 해도 괜찮습니다. 음악을 들으면서 공부하거나 수업을 들으면서 공책 여백에 낙서를 한다 해도, 그런 일에 거의 주의력을 쏟지 않는다면 얼마든지 해도 됩니다. 그렇지만 음악을 들으면서 공부를 하다가 노랫말에 주의가 쏠리기 시작하면 망하는 거죠. (대장 뉴런 둘을 동시에 앞세우는 셈이니까요.)

그런데 음악을 듣거나 운동을 하면서도 복잡한 일을 잘 해내는 사람

들이 더러 있습니다. 그들은 어떻게 그럴 수 있을까요? 비결은 반복입니다. 어떤 동작이 반복되어 습관으로 굳어지면 그때부터는 별로 신경을 쓰지 않아도 완벽하게 해낼 수 있습니다. 여러분도 쓰기 연습을 충분히 많이 한다면 뭔가를 들으면서 글씨를 쓸 수 있습니다. 그쯤 되면 쓰기는 거의 자동적으로 수행 가능하기 때문입니다. 여러분도 한번 생각해보세요. 여러분이 좋아하는 활동을 하는 동안 여러 가지 일에 동시에 신경써야 한다면 어떨까요. 그게 가능한가요, 아니면 몹시 어려운가요?

미니미와 맥시미

맥시미는 미니미에게 임무를 내리면서 모래시계를 사용합니다. 미니미가 임무를 마쳐야 하는 시한을 정해주어야 하니까요. 모래시계가 있으면 참 편리합니다. 미니미는 모래가 다 떨어지기 전까지 작은 임무(하위과제) 하나만 마치면 됩니다. 나머지는 걱정할 필요 없어요. 타이머를 사용해도 좋습니다. 시간 압박으로 스트레스를 주려는 게 아니라 오히려 여러분을 안심시키려는 겁니다. 이 작은 임무를 수행하는 동안은 다른 걱정들을 잊어라, 이거죠. 지금 당장 해야 할 일, 그 외에는 아무것도 중요하지 않습니다. (여러분이 쫓기듯 일하고 싶지 않다면 모래시계를 좀 큰 것으로 가져다놓아도 아무 상관 없습니다.)

평소 잘 아는 빵집에 가려고 집에서 나왔다면 어느 쪽으로 가야 하는지 확실히 알 겁니다. 그렇지만 모스크바까지 걸어서 간다면, 어느 방향으로 가야 할까요? 모스크바까지 가는 길은 아주 많은 데다가 굉장히 멀기 때문에 방향을 잡기가 쉽지 않습니다. 의도도 마찬가지입니다. 확실하고 즉각적인 의도가 있는가 하면, 굉장히 복잡하고 멀리 도는 의도도 있습니다. '식탁에 널려 있는 접시들을 모두 걷어서 식기세척기에 넣어야겠다'라는 의도는 명확합니다. 설거지가 안 된 접시를 그냥 찬장에 넣을

뻔하면 대장 뉴런들이 바로 이 오류를 알려줄 겁니다. 반면에 '친구를 많이 사귀어야겠다'라는 의도는 복잡합니다. 뭔가를 하겠다든가 갖겠다는 것은 분명히 의도에 해당합니다만, 대장 뉴런들은 이 의도를 성취하기 위해서 지금 당장 정확히 뭘 해야 하는지 모르기 때문에 막막할 겁니다. 의도가 매우 명확하고 단순할 때 대장 뉴런들은 실력 발휘를 합니다. 현재 하는 일이 그 의도에 도움이 되는지 그렇지 않은지를 바로바로 알 수 있기 때문이지요.

산만한 녀석!

여러분은 일을 한 가지씩 처리하는 게 좋은 가요, 아니면 여러 가지를 동시에 처리하는 게 좋은가요? 지금 이 문장에 'ㅇ'과 'ㅅ'과 'ㄱ'이 각각 몇 개씩 있는지 동시에 세어보세요. 다 세었다면 여기로 돌아오세요. 어려웠지요? 암요, 어렵다 못해 끔찍했을걸요. 이번에는 아까 그 문장으로 돌아가 'ㅇ'이 몇 개 있는지 세어보고 그다음에는 'ㅅ'이 몇 개인지 세어보고 마지막으로 'ㄱ'이 몇 개 있는지 세어보세요. 훨씬 할 만하지요? 당연히 이 방법이 더 빠르고 효과적입니다. 대장 뉴런들을 한꺼번에 셋이나 세우지 않아도 되니까요.

물과 기름을 같은 유리잔에 부으면 두 액체는 잘 섞이지 않기 때문에 층이 형성됩니다. 기름은 물속에서 따로 노는 작은 거품들처럼 보일 거예요. (직접 실험해보세요.) 대장 뉴런이 필요한 일을 한 번에 두 가지씩 하려고 하면 여러분의 뇌 속에서 그 두 일은 물과 기름처럼 따로 놀 겁니다. 그래서 자잘한 거품 하나가 몇 초 생겼다가 사라지고, 또 새로운 거품이 일어나고, 새로운 거품이 또 하나, 잠시 후 또 하나, 이런 식으로 이어집니다. 리모컨으로 채널을 이리저리 돌려도 화면에는 언제나 한 번에 한 채널만 뜨지요. 이 같은 채널 돌리기는 뇌에게 집중력이 필요한 일들을 한꺼번에 하라고 요구할 때 자연스럽게 나타나는 반응입니다.

 스팸(SPAM)은 뭔가를 사거나 어디에 돈을 쓰게 하는 광고성 메시지잖아요. 그 비슷하게 팸(PAM, 즉석 행동 제안)은 지금 하는 일 말고 더 괜찮아 보이는 다른 일로 넘어가라고 뇌가 여러분에게 보내는 메시지입니다. 팸은 뇌가 내보내는 광고예요. 광고는 우리에게 상품을 팔려고 하고, 팸은 우리보고 자꾸 딴 일을 하라고 합니다… 지금 하고 있는 일을 중단하고 더 괜찮아 보이는 일, 더 중요해 보이는 일을 하라고 살살 꼬드기지요. 이게 팸입니다. 누군가가 여러분에게 말하고 있는데 갑자기 휴대전화를 확인하거나 게임을 하고 싶어지는 것, 그런 것도 팸입니다. 어떤 운동을 하고 있는데 갑자기 다음 단계로 넘어가고 싶어졌다고요. 팸입니다. 우리가 할 수 있는 일은 그런 팸을 그때그때 알아차리는 것입니다. 그러고는 잠시 휴식을 취하면서 자기가 정말로 이 충동에 따르고 싶은지 생각해보세요. 이걸 '팸 휴식'이라고 부르자고요! 스팸 문자에 일일이 답할 필요가 없듯이, 팸을 늘 따를 필요는 없습니다.

나는 하나의 팀입니다

골프선수가 첫 타로 공을 홀에 집어넣는 홀인원을 노리는 일은 (거의) 없습니다. 그보다는 짧고 쉬운 몇 번의 타격으로 고지에 접근할 전략을 세우지요. 맥시미도 골프선수와 비슷합니다. 목표 달성이라는 큰 그림을 그리려면 미니미가 그때그때 몇 개의 하위과제들을 완수해야 하는지 생각해야 하지요. 골프에서는 다섯 번 타격해서 접근해야 하는 홀을 가리켜 '5파'라고 해요. 여러분의 맥시미에게 책가방 싸기는 '3파' 정도 될까요, '25파' 정도 될까요? 큰 과제를 완수하려면 몇 번의 하위과제 수행이 필요한지 골프선수처럼 계산해보는 습관을 들이세요.

맥시미가 큰 과제를 어느 선 이상으로 쪼개지 말아야 할 때도 있습니다. '병뚜껑 열기', '식탁에 접시 놓기' 같은 하위과제들은 어려울 게 하나도 없으니까요. 사정은 여러분의 나이와 능력치에 따라서 얼마든지 달라질 수 있습니다. 스테이크를 상상하면 이해하기 쉬워요. 아이가 어릴수록 한입 크기로 잘게 잘라줘야만 하지요. 하지만 어른은 제법 큰 고깃덩어리도 집어삼킬 수 있습니다. 여러분이 이미 혼자 충분히 자전거 바퀴에 바람을 넣을 수 있는데도 '마개를 찾으세요' + '비틀어 돌려주세요' + '펌프 끝을 밸브에 갖다대세요' 기타 등등의 지시를 하나하나 받아서 수행해야 한다면 무척 고역스러울 겁니다. 이미 문법적으로 완벽한 문장을 쓸 수 있는 사람이 기본적인 문법 사항을 하나하나 확인해야 한다면 귀찮고 따분할 겁니다. 미니미는 점점 더 복잡한 임무도 예사롭게 수행하는 법을 배워나갈 수 있습니다. 그러므로 여러분이 이미 완벽하게 수행할 수 있는 임무라면, 맥시미가 굳이 더 잘게 쪼갤 필요는 없습니다. 그런 임무는 그대로 미니미에게 맡겨도 되니까요.

할 일을 하위과제로 쪼개는 것은 팀플레이를 배우는 아주 좋은 방법이기도 합니다. 각자가 미니미의 역할을 다하면서 힘을 합치면 되니까요. 여러분이 생각할 때 다음 과제에는 몇 명의 미니미가 필요할 것 같나요? (a) 갓 구운 빵을 사려고 할 때 (b) 방을 완벽하게 청소하고 정리하려고 할 때 (c) 애플파이를 식탁에 내려고 할 때 (d) 내일 가져갈 물건들을 복도에 내놓으려고 할 때 (e) 여름방학에 대한 글 한 쪽을 쓰려고 할 때 (f) 태평양의 어느 섬을 그린 채색화를 벽에 붙이려고 할 때.

작은 승리들이 모이고 모여

대장 뉴런들을 깨우는 가장 좋은 방법은 머릿속 화면을 활용해 하려는 일을 잘 관찰하는 것입니다. 월요일에 배울 부분이 펼쳐져 있는 교과서, 상쾌한 샤워 같은 거요. 시각적 이미지가 아니라 청각적 감각이어도 괜찮습니다. 예를 들면 자전거를 타고 쭉 미끄러져나갈 때의 소리를 상상해도 좋겠지요.

방으로 돌아가서 여러분이 청소를 하는 장면을 떠올려보세요. 자, 여러분은 일단 영화감독이 됩니다. 그 장면은 어떻게 연출해야 할까요? 시간은 얼마나 걸릴까요? 배우는 무엇을 해야 할까요? 그다음에는 여러분이 배우가 되는 겁니다. 레디, 액션! 연기를 시작합니다! 이 기법을 집중력이 흐트러지기 쉬운 다른 활동들에 어떻게 적용할지는 여러분 몫이에요.

가끔은 어떤 인물의 입장이나 상황을 상상하기만 해도 의도가 훨씬 분명해집니다. 여러분이 쓴 글을 다시 읽으면서 금 사냥꾼이 된 기분으로 교정을 볼 수도 있겠지요. 여러분은 사금, 그러니까 철자법 오류를 찾아내는 겁니다! (주저하지 마세요. 아무도 모를 테니 부끄러워하지 말고요.) 혹은 내가 아니라 남이 들려주는 이야기를 들으면서 이상한 말이 나올 때마다—다시 말해 여러분이 문장을 잘못 내뱉을 때마다—내가 상대방의 말을 중단시킨다고 상상하세요. 탁자에 널려 있는 게임판을 정리한다고요? 게임말 정리상자가 텅 비어 있어서 배가 고프겠다, 빨리 말을 채워주자, 라고 상상해보세요. 청소기를 돌려야 한다고요? 먼지를 먹고 사는 몬스터가 되었다고 상상하면 어떨까요! 먼지는 내가 다 먹어주겠다! 선생님의 설명을 들어야 한다고요? 여러분이 오늘 수업을 못 들은 친구에게 설명해줘야 하는 입장이라고 상상하세요. 이 소소한 팁들이 한 가지 활동에 에너지를 온전히 쏟는 데 도움이 될 겁니다. 대장 뉴런들이 해야 할 일을 분명히 깨닫는 데 도움이 될 만한 상상을 해보세요.

임무를 완수할 때마다 자기 자신을 칭찬해주는 것도 꾀바른 방법이지요. 자석 뉴런들은 우리가 일을 잘 해내면 아주 좋아하거든요. 게임에서 이기면 기분이 좋잖아요? 하위과제들에서의 성공이 쌓이면 쌓일수록 자석 뉴런들은 이 기분 좋은 느낌을 다시 느끼기 위해서 여러분의 집중력을 북돋아줄 거예요. 그러니 스스로 보상을 해주면 어떨까요? 작은 일 하나를 해낼 때마다 잠시 휴식을 취해보세요. (잠시만 말입니다, 한 시간씩 쉬라는 얘기가 아니에요.) 자기만의 점수표를 만들어봐도 좋겠지요?

작은 일 한 가지를 해낼 때마다 1점을 얻는다. 10점이 쌓일 때마다 1시간 동안 자기가 하고 싶은 일을 마음대로 할 수 있다. 1시간이 아니라 10분이 될 수도 있고 10시간이 될 수도 있습니다만… 여러분이 알아서 적절한 시간을 정해보세요.

어떤 일을 하려고 하는데 무엇부터 시작해야 할지 모르겠다고요? 맥시미가 아직 준비가 덜 됐다는 뜻이네요! 맥시미는 미니미를 위해서 맨 먼저 해야 할 간단한 일을 생각해줘야 합니다. 맥시미가 이 준비를 확실히 마쳤다면 미니미는 무엇을 어떻게 해야 하는지 완벽하게 알 거예요.

함께 외우는 P-I-M

모든 활동에는 그 활동의 PIM이 있습니다. PIM은 대장 뉴런에게 집중력 유지 요령을 알려주는 설명서라고 할 수 있어요. 그렇지만 우리가 어떤 장비를 사용하는 요령을 완전히 꿰고 있다면 사용설명서를 굳이 들여다볼 필요는 없겠지요. 따라서 여러분이 완벽하게 해낼 수 있는 일, 실패할 가능성이 전혀 없는 일에는 PIM이 필요하지 않습니다. PIM은 폭이 좁은 (혹은 높은) 평균대를 건널 때 특히 유용합니다.

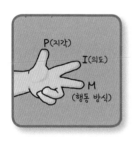

앞에서 다루었던 심적 행위를 기억하나요? 행동 방식이 몸보다는 머리를 택할 수도 있습니다. 자, 아프리카에 사는 열 가지 동물의 이름을 말해봅시다. (하고자 하는 바, 즉 의도입니다.) 일단 아프리카 초원을 상상해야 하고(행동 방식) 머릿속 화면에 떠오르는 동물들을 보면서(지각) 이름을 불러야 할 것입니다. 23 더하기 47을 암산할 때도 머릿속 화면에 숫자를 띄워야 합니다. 23과 47이라는 숫자를 머릿속에서 응시하는데도 아무 진전이 없다면 여러분의 대장 뉴런들이 그들을 도와줄 다른 뉴런들을 찾지 못했기 때문입니다. 바로 이럴 때 PIM이 필요합니다.

PIM의 예를 한번 들어보겠습니다. 케이크를 구우려면 달걀 노른자에서 흰자를 분리해야 합니다. P(지각)는 노른자입니다. I(의도)는 흰자를 흘려버리고 노른자만 달걀껍데기 속에 남기는 것입니다. M(행동 방식)은 손가락을 조심스럽게 놀려가면서 노른자를 이쪽 껍데기에서 저쪽 껍데기로 옮기는 것이지요. 이런 설명이 우스꽝스럽게 보일지 모르지만 달걀 열 개를 깨뜨리고도 노른자 하나 분리하지 못한 아이에게는 필요한 PIM입니다. 그냥 집중하라고 호통을 쳐봤자 아이는 "집중하는 게 도대체 뭔데요? 어떻게 하라는 거예요?"라고 물어볼 겁니다. 달걀을 깨면서 집중하기, 그게 바로 여기서 다루는 PIM입니다.

흰자와 노른자를 분리하는 것쯤은 식은 죽 먹기라는 사람이 언제나 PIM을 의식하고 있다는 보장은 없습니다. P(지각)나 I(의도)나 M(행동 방식)은 착각하기가 쉽거든요. 노른자를 주시하는 대신에 볼에 담겨 있는 밀가루만 내처 바라보고 있을 수도 있고(잘못된 P) 노른자를 터뜨리면 안 된다는 점을 잠시나마 깜박할 수도 있습니다(잘못된 I). PIM은 집중을 하기 위해서 무엇을 해야 하는지 재빨리 일깨워주는 용도로 쓰입니다.

유용한 PIM의 예를 몇 가지 더 들어보지요. 여기서 제안하는 사례에 얽매이지 말고 유용해 보이는 예를 또 찾아보세요.

- **이야기 듣기**: P는 당연히 이야기를 들려주는 사람의 목소리입니다. I는 이야기가 어떻게 진행되는지 자기 입으로 다시 말할 수 있을 정도로 내용을 파악하는 것이고요. M은 머릿속 화면을 활용해 이야

기의 주요 이미지들을 떠올려보는 것이겠지요. "내가 도서관 앞을 지나가고 있었는데 그때 갑자기…"

- **단어 목록과 받아쓰기 공부**: 꿀벌처럼 부산스러운 시선을 단어에 고정시키고 잘 봐둡니다(P). 기억으로 사진을 찍듯이, 눈을 감고 머릿속 화면에 방금 본 단어의 글자를 하나하나 띄웁니다(M). 이때 나의 의도(I)는 최대한 또렷하게 이 단어의 이미지를 머릿속에 떠올리는 것입니다.

- **영어 단어와 뜻 외우기**: 꿀벌처럼 부산스러운 시선을 영어 단어와 우리말로 쓰여 있는 단어 뜻에 고정시킵니다(P). 눈을 감고 영어 단어를 머릿속으로 쓰면서 속으로 읽습니다. 이때 머릿속 화면은 쓰지 않고 머릿속 목소리만 쓸 수도 있기는 하지만 그러면 철자법은 따로 다시 외워야 할 겁니다!

- **문장 속에서 특정 자음이나 모음의 개수 세기(예: ㅇ)**: P는 모든 문자에 해당합니다. 문장 속 모든 문자를 왼쪽에서 오른쪽으로 쭉 훑어가면서 봐야 합니다. I는 이렇게 문장을 한번 훑고 나서 ㅇ의 개수를 세는 것입니다. 이때 M은 시선이 ㅇ와 마주칠 때마다 속으로 '하나, 둘, 셋…' 하고 헤아려주는 것이지요. 이런 연습이 괴상해 보인다고요? 하지만 심리학자들도 집중력을 측정할 때 이 연습과 비슷한 과제를 활용합니다. 가령 피험자들은 잡동사니 한 무더기 속에서 종이 몇 개나 있는지 알아내는 과제를 받곤 하지요. 앞에서 말한 PIM 활용법에서 M만 '시선이 종과 마주칠 때마다 머릿속으로 빗금을 쳐서 표시한다' 같은 지시로 바꿔주면 여러분은 이 과제를 거

뜬히 수행할 수 있겠지요! 이 과제에 대한 PIM을 파악하고 있으면 엉뚱한 데로 빠지기 쉬운 시선을 잘 몰고 갈 수 있을 겁니다.

자, 이제 아무런 쓸모가 없는 PIM의 예를 들어볼까요.

- **손톱 깨무는 버릇**: P는 손톱을 이로 잘근잘근 씹을 때의 감각입니다. I는 손톱의 끝부분을 이로 잘라서 나머지 손톱으로부터 완전히 분리하는 것입니다. M은 손톱을 치아로 끊어내는 노하우라고 할까요.(웩!) 손톱을 집중해서 물어뜯다니, 뭔가 괴상하지 않나요?
- **핫초코 마시기**: P는 입속에 퍼지는 초콜릿 맛입니다. I는 이 음료를 맛있게 즐기는 것이겠지요! M은 잔을 기울여 천천히 음료를 입으로 마시는 행동입니다. 자, 이 PIM은 아무 쓸모가 없지만 똑같은 활동을 하면서 다른 PIM을 활용할 수도 있습니다. P가 초콜릿 맛이 아니라 실내 저쪽 구석 텔레비전에서 나오는 이미지라고 칩시다. 이때 I는 전혀 없고 M은 그 텔레비전 화면을 정신없이 바라보는 것이라고 할 때, 에고, 티셔츠에 핫초코를 흘려서 얼룩이 생겼네요. 네, 이렇게 딴 데 정신이 팔려 있어도 핫초코는 마실 수 있습니다.

손가락으로 기억하세요, P-I-M

 어떤 일을 주의력을 기울여 해야 할 때, 자신에게 어떤 PIM이 필요한지 먼저 생각해봅시다. 집중해 있다는 것은 접속되어 있다는 뜻이지요. PIM은 여러분이 플러그를 어떤 콘센트에 꽂아야 하는지 보여줍니다. 하지만 그러자면 먼저 무엇을 지각해야 하는지, 의도가 무엇인지, 나의 신체 혹은 두뇌를 어떤 방식으로 사용해야 하는지 알아야 합니다. 다음의 질문들은 이런 상황에서 도움이 될 겁니다.

- 지각하는 것이 먼저입니다. 정말로 바라보고 귀 기울이고 느끼고 있습니까? 보아야 할 대상 외의 다른 대상이 눈에 들어오거나, 들어야 할 소리 외의 다른 소리가 들리지는 않나요? 혹은 머릿속을 다른 대상이 차지하고 있지는 않습니까? 머릿속 목소리는 뭐라고 말하고 있나요? 머릿속 화면에는 뭐가 떠 있나요? 꿀벌처럼 바쁜 시선은 정확히 어디에 두어야 합니까? 시선이 머물러야 합니까, 이동해야 합니까? 이런 질문들은 우선 지각 대상을 알아야 한다는 생각을 공고히 다져줄 겁니다. 그 대상 외에는 아무것도 보고 들어선 안 된다는 얘기가 아니라, 집중해야 할 대상을 분명히 알아야 한다는 얘기입니다. 여러 대상에 동시에 주의력을 쏟아야 한다면, 임무를 더 작은(아주 작은!) 하위과제로 쪼개야 합니다. 하위과제마다 각각의 PIM이 있을 겁니다.

- 그다음은 의도입니다. 지금 당장 하려는 일이 무엇입니까? 뭘 하면 만족스러울까요? 모든 것이 잘 풀리려면 어떤 일이 일어나야 하나요? 그 일을 머릿속 이미지로 떠올릴 수 있습니까? 모든 일이 끝났을 때 눈앞에 어떤 광경이 펼쳐지기를 바라나요? 여러분이 보거나 들은 것을 묘사할 수 있나요? 혹은 방금 설명 들은 내용을 설명할 수 있을까요? 다른 사람에게 그렇게 해보라고 했을 때 그 사람이 이 과제를 잘 수행했는지 아닌지 어떻게 알 수 있을까요?

- 마지막으로, 여러분이 취해야 할 행동 방식을 생각합시다. 지각한 것에 대하여 어떻게 반응해야 할까요? 어떤 일이 일어나야 합니까? 신체의 일부를 움직여야 할까요? 어떤 몸짓을 해야 할까요? 본인 외에는 아무도 감지할 수 없는 심적 행위를 수행해야 할까요? 무엇을 하는 데 집중해야 합니까? 머릿속 화면에 그림을 그려야 할까요, 아니면 이미 떠 있는 그림을 바꿔야 할까요? 머릿속 목소리로 뭔가 말을 해야 할까요? 주의력을 이동시켜야 합니까, 어느 한 지점에 붙잡아두어야 합니까? 여러분의 꿀벌(시선)이 어느 한 지점에 내려앉는다면 그다음부터 여러분의 신체나 두뇌에는 어떤 일이 일어나야 합니까? 여러분도 수업시간에 몸은 가만히 있을지언정 머릿속으로는 부지런히 움직여야 한다는 것을 잘 알 거예요. 학교 공부는 대부분 '정신적인' 활동이거든요.

마지막으로, 자기에게 잘 맞는 자기만의 PIM을 잊지 말라는 말을 하고 싶네요. 사람마다 조금씩 다른 PIM이 필요할 겁니다. 나는 손바닥에 막대기를 세우기 위해서 막대기에서 잠시도 눈을 떼지 않지만, 다른 사람은 외려 손바닥으로 느껴지는 촉각적 지각에 집중함으로써 더 좋은 효과를 낼 수도 있습니다. 그렇다고 해서 그 사람이 막대기를 전혀 보지 않는다는 뜻은 아닙니다. 단지 그의 집중력이 촉각에 주로 가 있다는 얘기일 뿐입니다. 이때 여러분과 그 사람의 P(지각)는 다릅니다. 하지만 다른 사람의 PIM을 시험삼아 적용해보는 것도 괜찮습니다. 그 PIM이 나에게 잘 맞을지도 모르잖아요.

PIM은 갑자기 다른 일로 빨리 넘어가야 할 때도 아주 유용합니다. 테니스를 치면서 스매시로 공을 날릴 때, 킥보드를 타면서 360도 회전을 시도할 때, 갑자기 여러 사람 앞에서 노래를 부르게 됐을 때 PIM은 지금 당장 무엇에 집중해야 하고 어떻게 접속해야 하는지를 가르쳐줍니다. 접속이 끊겼을 때도 지체 없이 재접속하는 데 도움이 되고요. 이야기를 듣는 데 적합한 PIM이 분명히 갖춰져 있다면 잠시 딴생각에 빠지더라도 다시 이야기에 집중할 수 있습니다. 대장 뉴런들이 어떤 뉴런들을 깨워야 하는지 바로바로 알기 때문이지요.

PIM을 터득하고 어느 정도 경지에 오른 사람은 여러 가지 일을 (거의) 동시에 처리하면서도 그 일 하나하나에 효율적으로 집중할 수 있

습니다. 뇌는 주의력의 화살을 한 번에 한 개 밖에 쏘지 못하지만 화살 여러 개를 서로 다른 과녁들에 연달아 빠르게 쏠 줄은 알거든 요… 대장 뉴런이 새로운 과녁을 그때그때 빠르게 찾아내기만 한다면 말입니다. 여러 활동을 연달아 진행하더라도 각 활동의 PIM을 정확히 파악하고 있다면 충분히 그럴 수 있습니다.

이 많고도 많은 PIM을 다 외워두어야 할까요? 아니요, 다행히 그렇지는 않습니다. 집중력이 필요한 일들의 종류가 그렇게까지 많지는 않기 때문입니다. 읽기, 듣기, 필기, 암기, (경기 중의) 패스, 기타 코드 외우기… 우리는 똑같은 활동을 반복할 때가 많습니다. 따라서 동일한 PIM을 활용할 수 있을 때가 아주 많답니다.

항상 필요한 건 아니고

 어떤 사람들은 간단하고 위험도가 낮은 일에도 그냥 훈련삼아 PIM을 활용합니다. 달리 표현하자면 '명상'을 한다고 할 수 있을 겁니다. 스트레스를 관리하기 위해서, 혹은 집중력을 높이기 위해서 명상을 하는 사람들이 점점 더 늘고 있습니다. 누구나 한번 해볼 수 있는 명상 PIM을 여기 소개해보겠습니다.

P: 콧구멍을 들락거리는 공기를 느껴보세요.

I: 주의력을 최대한 호흡에 붙잡아놓습니다.

M: 주의력이 호흡을 떠나려고 할 때마다(뭔가 딴생각이 났다든가 할 때마다) 다시 주의력을 호흡으로 끌고 오세요… 네, 그렇게요.

여기서 M은 주의력을 모으는 심적 행위입니다. 이 PIM에서 P를 호흡의 느낌이 아닌 신체의 느낌으로 대체한다면 그것도 또다른 명상법이 될 수 있습니다. 명상이란 별다른 게 아닙니다. 내가 지금 하는 일에 온전히 임하면서 주의력을 유지하는 습관을 만드는 PIM, 이게 바로 명상이지요.

 아무도 여러분에게 깨어 있는 시간 내내 집중하라고 요구하지 않습니다. 다만 집중해야 하는 순간을 알아차리고, 필요할 때 집중할 수 있는 요령은 있어야 합니다. 좁고 높은 평균대, 빨간 신호등에 대해서만 PIM과 미니미단속이 필요하지요. 그 외의 시간에는, 습관대로 처리해도 문제없는 일에 대해서는 편하게 생각하세요.

집쭝을 할 쑤가 업써… 어떠카지?

내가 피아노를 치고 있는데 옆에서 친구가 큰 소리로 전혀 다른 노래를 부른다면 실수 없이 연주하기가 힘듭니다. 친구의 노래에 귀를 기울이면 안 된다는 것을 알지만 그게 꼭 마음대로 되지만은 않지요. 명확한 PIM이 집중력을 유지해준다는 보장은 없습니다. 그래서 집중력의 프로라면 다른 도구도 갖추어야 합니다. 집중의 여섯 단계가 이 도구 역할을 해줄 겁니다.

우리 몸은 나무인형 피노키오

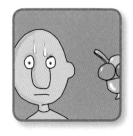 집 안에서 몇 걸음을 걸어본 다음 멈춰서서 주위를 둘러보세요. 여러분의 꿀벌(시선)은 무엇을 하고 있나요? 그 녀석이 어디에 멈췄나요? 이제 정면에서 약간 떨어진 어느 한 점을 바라보면서 다시 몇 발짝 걸어보세요. 시선이 움직이고 싶어하는 것을 느꼈습니까? 그렇다면 여러분의 주의력이 이동한 겁니다. 여러분이 자꾸 딴 데를 보고 싶다면 그건 주의력이 이미 딴 데로 가버렸기 때문입니다.

 눈근육을 움직여 시선을 이동시키는 뉴런들은 주의력을 이동시키는 뉴런들과 아주 가까이 붙어 있습니다. 주의력을 끄는 것에 시선을 주어야 할 때가 많기 때문에 이 뉴런들은 가까이 있는 편이 효율적이지요. 하지만 이 뉴런들은 서로 다른 완전히 별개의 뉴런들이기 때문에, 시선은 정면에 고정하더라도 주의력은 측면에 쏟을 수도 있습니다. 여러분도 책에서 눈을 떼지 말고 왼팔을 책상 위에 쭉 편 다음 왼손 손가락들을 까딱까딱 움직여보세요. 시선을 이동하지 않고도 왼손에 신경을 쓸 수 있지요? 이런 식의 '곁눈질하기'는 어떤 사람을 몰래 감시할 때 퍽 요긴합니다.

'컵 속 동전 찾기'라는 놀이를 들어보았나요? 똑같이 생긴 컵 세 개를 엎어놓고 그중 하나에 동전이나 주사위 같은 작은 물건을 숨깁니다. 그다음 컵들의 위치를 재빨리 여러 차례 바꾸고는 처음에 물건을 숨긴 컵이 어떤 것인지 찾게 하는 것이지요. 이 게임은 흥미롭고 재미있지만 여간 어렵지 않습니다. 꿀벌이 중간에 한순간도 길을 잃지 않고 물건이 숨겨진 컵을 계속 따라가야 하니까요. 그렇지만 꼭 시선으로 컵을 따라가지 않더라도 주의력이 컵을 제대로 따라간다면 이 게임에서 이길 수도 있습니다. 주의력의 이동이 관건인 거죠! 집중의 여섯 단계 활용에 습관이 들면 시선이 움직이기 전에 주의력의 움직임을 알아차릴 수도 있을 겁니다. 그 정도 되면 정말 집중력의 프로라고 부를 수 있을걸요.

시선과 신체에 작용하는 이런 힘들을 가장 실감나게 접할 수 있는 곳이 바로 백화점이나 마트입니다. 특히 여러분이 좋아하는 물건들로 가득찬 상점이라면 그야말로 눈이 홱홱 돌아가겠지요. 이 책에서 말하는 마리오네트 모드가 어떤 것인지 직접 경험할 수 있을 겁니다.

나 떨어질 것 같아…

집중을 잘하려면 첫째, 가야 할 곳을 알고 의도를 분명히 해야 합니다. 자기가 건너려는 평균대를 보지도 않는다면… 평균대 건너기는 녹록치 않을 겁니다. 규모가 작으면서도 분명한 일, 간단하지만 구체적인 일을 미니미에게 맡기는 것은 맥시미의 몫입니다. 그 일 하나하나가 평균대라고 생각하세요. 일단 평균대에 올라섰으면 어떻게 발을 내디뎌야 하는지 알아야 합니다. 앞으로 나아가려면 구체적으로 뭘 어떻게 해야 하나요? PIM이 임무에 제대로 집중하기 위해서 뭘 해야 하는지 여러분에게 가르쳐줍니다. 그렇지만 바람이 세차게 불어 여러분을 옆으로 밀어대고 주의력을 흐트러뜨릴지도 몰라요. 바로 이럴 때 주의력의 균형감각이 필요합니다. 평균대에서 떨어질 것 같은 순간(다시 말해 산만해지려는 순간)을 재빨리 알아차리고 균형감각을 발휘해야(다시 집중해야) 하는 것이지요. 이러한 기법들을 익혀둔다면 여러분 앞에 어떤 평균대가 나타나든지 건너갈 수 있는 노하우가 생깁니다. 그 기법들이 언제 필요한지 알아내는 것은 여러분에게 달렸습니다. 어쨌든 세상의 모든 평균대가 그렇게까지 좁고 높지만은 않답니다!

고무줄처럼 몸이 쭉!

고무줄이 쭉 늘어나는 것처럼, 코끼리 코가 과자를 집으려고 쭉 늘어납니다… 코끼리와 과자, 꿀벌과 꽃, 개와 뼈다귀, 이 세 이미지의 공통점을 아나요?

결정은 내가 한다! (과자가 아니라)

여러분에게 '잠깐 메시지나 확인할까?'라는 PIM이 있다면 누군가와 아무렇지 않게 대화를 나누면서도 한 손으로는 주머니 속을 더듬어 휴대전화를 찾을 수 있습니다. 다른 사람과 눈을 맞추면서 그 사람이 하는 말을 듣는 중이라면 머릿속에 우스운 생각이 떠올랐어도 그 얘기를 상대에게 하면 안 되겠지요. 딴생각이 드는 바람에 자기도 모르게 자세가 흐트러지거나 몸을 움직인 적은 없나요? 팸(PAM)! 우리 몸이 쭉 늘어나 딴 데로 가버리는 거예요. 팸! 몸이 쭉 늘어나 딴 데로 가버리는 거죠. 매번 똑같아요. 팸! 100미터 달리기 출발을 알리는 총소리 같지 않나요? 하지만 이 총소리를 들을 때마다 박차고 달려나갈 필요는 없습니다. 달리고 싶지 않다면 가만히 있어도 괜찮아요! 여러분이 진짜 결정하고 움직이는 습관이 들도록 연습하세요.

집중의 여섯 단계, 떨어져서 다치지 않게!

네, 그래요. 가끔은 귀에 저절로 들어오는 소리를 어쩔 수 없지요… 가령 옆자리에서 누가 큰소리로 얘기를 할 때 귀를 기울이지 않기가 더 어렵습니다. 바로 눈앞에 '뻐꾹!'이라고 쓰여 있다면 그걸 읽지 않기가 더 어려울걸요. 읽기도 그렇고 듣기도 그렇고, 일단 주의력이 쏠리기만 하면 뇌가 저절로, 전혀 힘들이지 않고 많은 일을 처리할 수 있습니다. 그러니까 무엇인가를 읽고 싶거나 듣고 싶다면 그냥 뇌가 집중할 수 있도록 내버려두기만 하세요. 읽기에 푹 빠질 수 있도록, 듣기에 푹 빠질 수 있도록요!

평균대나 서핑보드에서, 또는 스키화를 신고 똑바로 서기 위해 온몸을 긴장할 필요는 없습니다. 긴장은 초보들이나 하는 거죠. 잘하는 사람들은 긴장하지 않습니다. 집중을 한답시고 몸에 잔뜩 힘을 주거나 눈썹을 찌푸릴 필요가 전혀 없습니다! 집중력을 유지한다는 것이 꼭 피곤한 일만은 아닙니다. 숙련된 미용사는 장시간 서서 일해도 그렇게까지 피곤해하지 않아요! 떨어졌을 때 다시 일어나는 것, 집중력이 흐트러져서 재접속을 시도하는 것이 오히려 더 피곤하답니다.

자전거나 스키를 탈 때, 평균대 위를 걸어갈 때는 넘어질 것 같다 싶은 순간 자세를 바로잡아야 합니다. 깊이 생각할 틈도 없이 얼른 몸

이 반응해야 하지요. 그러자면 균형이 무너졌을 때 바로 알아차릴 수 있어야 합니다. 집중력을 유지하는 일도 마찬가지입니다. 산만해지려는 순간을 가급적 일찍 알아차려야 하는 것이지요! 평균대에서 위태로운 순간을 몸이 먼저 알아차리듯, 집중력이 조금이라도 달아나려는 순간이나 옆으로 빠지는 순간도 몸이 먼저 말해줍니다. 왜 그런지 기억하나요? 앞에서 배운 집중의 여섯 단계는 집중력이 무너지는 순간을 바로바로 알려면 무엇을 감시해야 하는지 가르쳐줍니다. ①시선을 두고, ②주의력을 발휘하고, ③자세를 취하고, ④생각을 하면서, ⑤지탱하고, ⑥내버려두기. 이 단계를 기억하세요. 제일 먼저 도망가기 쉬운 것은 부산스러운 꿀벌, 즉 시선입니다. 시선이 온몸을 끌고 가버릴 수 있습니다. 하지만 뭔가를 잡으려고 쭉 뻗은 손이나 팸(PAM)을 따라 움직이기 시작한 다리가 집중력을 깨뜨리기도 합니다. 습관이 충분히 잡히면 몸이 꿈틀거리기도 전에 먼저 알아챌 거예요. 그 정도가 되면 이미 이긴 게임입니다. 줄에서 떨어지기도 전에 몸으로 그 낌새를 알아차리는 곡예사처럼, 여러분도 주의력의 균형감각을 충분히 익힌 셈입니다.

아직 걸음마를 떼지 못한 아가는 장난감을 주우러 갈 때 두 발로 걷는 것보다 네 발로 기는 게 더 쉽습니다. 하지만 세 살쯤 된 아이는 네 발로 기면 시간도 많이 걸리고 힘도 더 든다는 것을 압니다. 무엇보다 그 나이에도 네 발로 기어다니면 발달이 느리거나 뭔가 문제가

 있다는 인상을 주지요. 마찬가지로, 사람이 나이에 걸맞지 않게 주의력이 산만하면 뭐랄까… 이렇게 말하긴 그렇지만, 어린애 같은 인상을 줍니다. 집중을 하면 일을 더 빨리 끝낼 수 있을 뿐 아니라 덜 피곤하다는 것을 잘 아는 어른들이라면 그렇게 생각할 거예요.

3부
집중력 고민,
이럴 땐 이렇게

"성적은 좋은 편입니다. 집중력을 좀더 발휘한다면
지금보다 더 좋은 결과를 거둘 수 있을 겁니다."

(초등학교 4학년 알렉시의 생활통지표)

평균대 위에서 떨어지지 않고 걸어가려면 똑바로 앞을 보고 발을 때면서 균형이 무너지려는 순간 곧바로 자세를 다잡아야 합니다. 집중력을 유지하려면 자기가 무엇을 하려고 하는지, 어디로 가야 하는지 명확히 알고, 자기가 산만해지려는 순간마다 집중력을 도로 불러와야 합니다.

나는 이 책이 집중하기를 힘들어하는 독자들에게 도움이 되었으면 합니다. 특히 "집중하세요!"라는 요구가 여러분에게 어떤 자세를 기대하는 것인지 명확히 가르쳐주고 싶었습니다. 이 책을 다시 읽으면서 집중력을 잘 다스리는 요령들을 익히세요. 스스로 '접속'함으로써 자기가 하는 일에 좀더 재미를 느낄 수 있을 것입니다. 여기서는 사람들이 흔히 부딪치는 상황들을 예로 들어, 이 책에서 설명한 요령들을 어떻게 활용할 수 있는지 살펴보겠습니다.

"집중력이 오래가지 않아요."

맥시미를 활약시켜 하위과제들, 즉 몇 분 안에 끝낼 수 있는 간단한 과제들을 정하는 것부터 시작하세요. (타이머를 사용하는 것도 도움이 됩니다.) 하위과제를 하나 끝낼 때마다 한숨 돌리는 시간을 잠깐 가지세요. 그러다보면 점점 더 많은 하위과제들을 이어나갈 수 있을 것입니다. 조깅을 하는 사람도 처음에는 가볍게 뛰다 걷다 하는 식으로 시작해서 500미터, 1킬로미터, 2킬로미터, 이렇게 늘려나갑니다.

"도무지 의욕이 생기지 않아요."

여러분이 해야 하는 일을 정확히 아는 것이 첫걸음입니다. 미니미에게 단순한 과제들을 마련해주었나요? 여러분은 미니미가 해야 할 일을 알고 있습니까? 처음에는 그 과제들의 목록을 작성하는 것만으로 기분이 좋았다고요? 누가 여러분 대신 일을 해주는 것 같았다고요? 아뇨, 맥시미 노릇은 잠깐이고 미니미도 여러분입니다! 자, 그 일 하나하나에 시간이 대략 얼마나 걸릴까요? 이제 깊이 생각할 것 없이, 미니미를 내보내 하위과제를 하나씩 해결하면 됩니다… 타이머를 써서 시간제한을 두는 방법도 좋습니다.

"금세 산만해져요. 간단한 일을 처리하는 데도 시간이 많이 걸려요. 책을 읽거나 그림을 그리거나 할 때요…"

이 경우에도 주저하지 말고 타이머를 사용해보세요. 스트레스 받지 말고 여러분 자신과 약속을 해보세요. "별일 없다면 5분 안에 끝내는 거야." 어려울 것 없습니다. 그림을 그리기로 결심했다면, 혹은 바로 옆에 있는 책을 읽기로 작정했다면, 그 일로 다음번 하위과제를 정하면 됩니다. 미니미에게 얼마 동안 그림을 그려라, 책을 읽어라, 이렇게 지시를 내리세요. 어릴 때 했던 색칠공부를 상상해볼까요. 색칠이 선을 삐져나가지 않도록 주의하면서 머리카락은 어두운색으로 칠하고 배경은 파란색으로 칠했던 적 있지요. 하위과제를 진행하다가 중간에 멈추었다면 선을 삐져나간 셈입니다. 아무거나 칠하는 셈이고요. 아이가 아무거나 아무 색으로 아무렇게나 칠하면 그 결과물이 아름다울 리 없지요.

"숙제를 해야겠다고 생각을 해도 게임을 하다 보면 어느새 잊고 말아요."

팸(PAM)과 맞서고 싶다면 자기 자신과 약속을 해보세요. 예를 들어 오후 4시(혹은 5시나 6시)에는 꼭 숙제를 하겠다고 자기 자신과 약속을 하는 겁니다. 이 방법이 여러분에게 통하는지 한번 시도해보세요. 약속 시간이 되었을 때 여러분 자신을 강제할 수 있는 사람은 여러분밖에 없습니다. 이 시간, 이 일을 결정한 사람은 여러분 자신이잖아요. 이렇게 하기로 약속한 사람은 여러분이고, 이 약속을 지키지 않았다고 비난할 사람도 여러분 말고는 없습니다… 자, 약속을 지킬 수 있나요?

"주위에서 일어나는 사소한 일에도 금세 산만해져요."

귀가 안 들리거나 눈이 안 보이지 않는 이상, 주위에서 일어나는 일에 신경이 쓰이게 마련입니다. 사방이 시장바닥 같다면 조금이라도 더 조용한 공간을 찾아내든가, 주위 사람들에게 조용히 해달라고 부탁을 할 수 있겠지요. 아무래도 주위 환경이 덜 산만할수록 여러분도 덜 산만해질 겁니다. 당연한 얘기 아닌가요? 부산스러운 꿀벌이 자꾸 도망가지 않도록 시야에 걸리는 잡동사니들을 치우는 것도 좋은 방법입니다.

"그래도 주위에서 뭐 하나 부스럭대면 금세 산만해지는데 어떻게 하죠?"

여러분의 꿀벌을 감시해보세요. 꿀벌이 뭘 하고 있나요? 그 녀석은 어디로 가고 있나요? 누가 꿀벌에게 거기로 가라고 했나요? 꿀벌을 그 녀석이 있어야 하는 곳으로 차분히 끌고 오세요. 소음이 집중하는 데 방해가 된다면 귀마개를 하세요. (방음헬멧 같은 것도 도움이 됩니다… 소음에 시달리는 것보다는 집중에 방해되지 않는 선에서 음악을 틀어놓는 것이 더 낫습니다.)

"주위에서 무슨 일이 일어났다 하면 늘 산만해지고 말아요."

음, 평균대 위에 균형 있게 서 있지 못하는 사람은 떨어지기 마련입니다. 균형감각을 배워야 할 때네요. 집중의 여섯 단계를 기억하세요. 여러분이 떨어지려고 하는 순간, 무엇을 눈여겨보고 감시해야 하는지

기억하라는 뜻입니다. 일단은 시선과 주의력을 감시하세요. 시선과 주의력이 (부산스러운 꿀벌처럼) 여러분을 산만하게 만드는 것으로 맨 먼저 달아나거든요. 그다음에는 흐트러지고 엇나가려고 하는 자세를 감시하세요. 지금 넘어지려고 해요! 정신을 차리세요. 여러분은 실 당기는 대로 움직이는 마리오네트가 아닙니다. 균형을 되찾았다면 다시 평균대로 올라가세요. 잊지 마세요, 어느 날 갑자기 줄타기 곡예사가 될 수는 없다는 것을요. 연습하고, 연습하고, 또 연습하세요. 떨어지는 것을 두려워하지 마세요.

"집중력이 한번 흐트러졌다 하면 다시 집중하기가 힘들어요."

무엇을 하려고 하는데요? 무엇에 집중해야 하는데요? 무엇을 잘하기 위해서 집중하는 건데요? 몸을 움직여야 하나요, 머리를 써야 하나요? 여러분에게 필요한 PIM, 즉 지각, 의도, 행동 방식을 활용하세요. PIM이 확실해졌다면 다음번에는 이 PIM을 기억하면서 작업에 임하세요.

"머릿속에 생각이 너무 많아서 집중을 할 수가 없어요."

머릿속에서 생각들이 오가는 방식을 스스로 떠올리고 관찰하는 것부터 시작해봅시다. 손가락으로 시계를 그리듯이 눈앞에 동그라미를 하나 그려봅시다. 손가락이 움직이는 동안 여러분의 생각이 동그라미의 어느 지점에 머무는지 의식해보세요. 지금 이 순간, 여러분의 손가락은 어디에 머물러 있나요? 속으로 혼잣말을 하고 있나요? 오랫동안 그랬나요? 책상 위에 열 손가락을 펴놓고 하나하나 바라보는 연습도 마찬가지입니다. 책을 읽는 동안에도 잡념들이 들어왔다 사라지는 순간 여러분의 시선이 어디에 가 있는가를 살펴보세요. 과자를 집으려고 코를 길게 뻗은 코끼리처럼, 잡념 때문에 몸이 움직였나요? 집중의 여섯 단계를 기억하세요. 잡념에 포로처럼 붙잡힌 주의력을 해방시키는 데 도움이 될 테니까요.

"몸을 가만히 못 놔둬서 집중이 안 돼요."

그러면 여러분뿐만 아니라 주위 사람의 집중에도 방해가 됩니다. 마리오네트 모드로 살고 싶은가요? 천, 천, 히. 여러분 주위에 일어나는 일에 반응하면서 여러분을 자꾸만 움직이게 만드는 이 뉴런들을 의식하세요. 여러분은 마리오네트가 아닙니다. 여러분이 움직이지 않기로 결정했다면 아무도 여러분을 억지로 움직이게 할 수 없어요.

"자꾸만 딴 일을 하러 가고 싶어져요."

머릿속에 팸(PAM)이 너무 많군요. 하지만 팸은 머릿속에서 튀어나오는 광고와 비슷해서 우리가 일일이 따르거나 반응할 필요가 없습니다. 팸, 휴식, 팸, 휴식. 이걸 풀어서 설명하면 '팸을 인지했어. 팸을 따를지 말지는 잠시 쉬면서 결정하자' 정도 되겠습니다. 자석 뉴런들이 흥분해서 달려들 만한 생각이 하나 떠올랐습니다. 하지만 뇌의 조종대를 자석 뉴런들에게 완전히 내주어서는 안 됩니다. 결정은 여러분이 내리는 거예요! 게다가⋯ 어쩌면 여러분은 단지 기분을 좀 풀기 위해서 움직이고 싶은지도 몰라요. 가능하다면 잠시 일어나 다리를 풀어주거나 근처를 한 바퀴 돌아보세요. (제자리뛰기나 팔굽혀펴기를 해도 좋아요.)

"나는 진짜 산만한 것 같아요. 온종일 이 일 했다가 저 일 했다가 하거든요."

혹시 물과 기름을 섞으려고 끙끙대고 있지는 않나요? 여러 가지 일을 한꺼번에 하려고 하지 마세요. 골프선수처럼 생각하는 훈련을 해보세요. 공을 홀에 넣으려면 몇 번에 나눠 쳐야 할까요? 지금 하려는 일을 해내려면 몇 개의 하위과제들을 완수해야 할까요?

"일단 집중을 하면 잘하는데요… 집중해야 한다는 걸 까먹어요."

어떤 일을 할 때마다 그 일에 필요한 집중력의 수준을 예상해보는 습관을 들이세요. 이 평균대의 크기는 얼마쯤 되지? 많이 높은가? 폭이 좁은가? 신호등에 빨간색, 노란색, 초록색 중에서 어떤 색 불이 켜져 있지? 이렇게요.

"집중력을 높이는 법 따위 배우지 않아도 상관없어요. 나도 관심 있는 일에는 집중을 잘한다고요."

안됐지만 사람이 자기가 좋아하는 일만 하면서 살 수는 없어요. 어마어마한 부자로 태어났다면 또 모를까… 그러니까 어쨌든 집중하는 법은 배워야 합니다. 게다가 흥미로운 일일수록 집중하게 된다는 말도 사실이지만, 집중해서 일을 할수록 흥미가 더 생기기도 합니다. 여러분은 에너지를 쏟을수록 더 많은 에너지를 받게 됩니다. 마치 거울처럼요. 아, 정말 근사하지 않나요? 그리고 집중력 부족과 의욕 부족을 혼동하지 맙시다. 어떤 일에 도무지 의욕이 없다면 그건 집중력 문제가 아니지요.

자… 여기에서 집중력에 대한 모든 문제에 답할 수는 없습니다. 여러분에게 필요한 답은 여러분 스스로 찾아야 합니다. 무엇보다, 하루아침에 집중력을 확 높일 수는 없다는 것을 기억하세요. 집중력을 키우려면 시간이 필요합니다… 운동이나 악기 연주를 배울 때처럼 말이에요. 어쨌든 중요한 것은 여러분의 뇌를 변화시키는 거예요! 다행히 여러분은 집중력을 매일 조금씩 더 키울 수 있답니다. 집중력이 무럭무럭 자라면 무슨 일을 하든지 더 쉽고 더 재미있을 거예요.

결론을 대신하여: 기계와 잘 지내는 법

금 사냥꾼의 딜레마가 뭔지 아나요? 어느 금 사냥꾼이 강가에 터를 잡고 금모래를 건지려고 강바닥의 모래를 체로 거르기 시작했습니다. 그는 몇 시간 동안 고생고생해서 사금을 조금 찾아냈지만 갑자기 이런 생각에 사로잡혔습니다… 이 자리를 떠나 강을 조금만 더 거슬러 올라가면 금을 더 많이 얻을 수 있지 않을까? 금 사냥꾼은 딜레마에 빠집니다. 금을 찾아 다른 곳으로 가야 할까요, 아니면 지금 이 자리를 좀더 탐색해봐야 할까요? 결정하기가 정말 힘들지요! 뇌도 흥미로운 일이나 중요한 일이 한꺼번에 여러 가지 출현할 때 비슷한 딜레마에 빠집니다. 어느 하나에 집중해야 한다는 것은 나머지를 잠시 미뤄두어야 한다는 뜻이지요. 집중한다는 것은 모든 것을 동시에 볼 수 없음을, 혹은 모든 일을 동시에 할 수 없음을 인정하고 받아들이는 자세를 취하는 것이랍니다!

우리가 왜 어느 하나에 집중을 못 하고 이리저리 떠도느라 바쁜지

짐작하기란 어렵지 않습니다. 볼 것과 할 것이 한꺼번에 밀려드는 시대니까요. 한 군데를 진득하게 파지 못하고 여기 좀 헤치다 저기 좀 헤치는 금 사냥꾼처럼, 우리는 아무것도 놓치고 싶지 않은 거죠. 새로운 것이라면 환장을 하는 자석 뉴런들에게는 마침 잘된 일입니다. 와, 재미있을 것 같다! 게다가 자석 뉴런들은 싫증을 쉽게 내기 때문에 우리는 한 가지 일에서 끝을 보지 못하고 자꾸만 다른 일로 옮겨갑니다. 이 뉴런들은 우리가 얼른 달려들게 만들어놓고 재미없다 싶으면 또 다른 일로 넘어가라고 몰아가거든요. (그리고 우리는 이 요구에 따를 때가 많지요.)

휴대전화는 자석 뉴런들의 구미에 딱 맞는 물건입니다. 휴대전화에서는 언제나 새로운 일이 일어나잖아요! 모바일게임에는 휙휙 움직이는 이미지, 소소한 보상, 재미있는 캐릭터, 흥미진진한 도전이 있지요! 모바일게임 앱을 만드는 사람들은 우리의 자석 뉴런에 대해서 아주 잘 알고 이 뉴런을 흠뻑 만족시킬 방법을 오랫동안 고심합니다. 만족스럽지 않은 게임을 누가 사겠어요? 게다가 끊임없이 들어오는 휴대전화 메시지, 무한정 뻗어나가는 정보는 또 어떻고요! 자석 뉴런들에게는 진수성찬이 따로 없지요! 기분전환은 확실히 되잖아요? 그리고… 세상 돌아가는 형편을 너무 모르고 사는 것도 위험할 수 있으니까요.

우리는 여러 가지 일을 동시에 하라는 유혹에 시달립니다. 중요한 프로그램을 놓치고 싶지 않은 마음에 텔레비전을 보면서 문자메시지를 작성한다든가⋯ 그런데 여러 가지 일을 동시에 하는 게 가능한가요? 그렇다고 할 수도 있고, 아니라고 할 수도 있습니다. 사실, 주의력은 한 번에 한 가지에만 쏟을 수 있습니다. 그러니까 텔레비전을 건성으로 보든가 간단한 문자를 기계적으로 보낸다면("응, 알았어"), 아무 문제가 없습니다. 그렇지만 처음 보는 어떤 문장을 소리내어 읽으면서 그 문장에 나오는 특정 음소의 개수를 헤아려야 한다면⋯ 굉장히 힘들걸요! 그러자면 동일한 뉴런을 서로 다른 두 가지 작업에 써야 하는데 이건 불가능합니다! 기껏해야 문장 읽기, 음소 세기, 문장 읽기, 음소 세기 식으로 두 작업을 빠르게 왔다 갔다 할 수 있을 뿐이고⋯ 그래서 금방 지치고 맙니다! 요컨대 주의력을 요하는 두 가지 일을 동시에 처리할 수 없습니다. 두 방향을 동시에 볼 수 없는 것처럼, 두 개의 웹사이트에 동시에 접속해 있을 수 없는 것처럼요. (실제로는 불가능한 일이 아닙니다만, 한 페이지 안에서는 안 되잖아요.) '선택'을 해야 합니다! 집중력을 유지한다는 것은 동시에 여기저기 가 있지 않는다는 것입니다. 우리의 가엾은 뇌는 뉴런이 1000억 개밖에 없기 때문에 모든 것을 한 번에 다 할 수 없습니다! 그런데도 모든 것을 한 번에 다 하려고 하니 이리저리 떠돌 수밖에 없지요.

문제는, 접속이 됐다가 끊겼다가를 반복하다 보면 대장 뉴런들을 장시간 각성 상태로 유지하는 능력을 잃게 되고 결국 이 뉴런들이 허약해진다는 겁니다. 결과적으로 우리는 어느 한 가지 일, 어느 한 사람에게 오랫동안 집중할 수가 없습니다. 휴대전화나 텔레비전 자체가 나쁘다는 것은 아닙니다. 여러분이 아직 자석 뉴런에게 완전히 지배 당하지 않아서 기계를 끄고 다른 일에 집중할 자유가 있다면 말입니다. 기계가 아니라 여러분 자신이 가상세계와 현실세계 사이에서 선택 을 해야 하는 거예요.

집중력은 선택적이기 때문에 절대로 동시에 모든 것에 접속할 수는 없다는 사실을 꼭 기억하세요! 이따금 자기 자신에게 질문을 던져보세 요. '내가 무엇에서 접속을 끊어야 이 일에 접속할 수 있을까?'라고요.

감사의 말

전작들과는 자못 다른 형태의 프로젝트를 기탄없이 받아들이고 놀라운 에너지로 밀어붙여준 오딜 자코브 출판사에 감사한다.

원고를 여러 번 읽고 더 나은 책이 될 수 있게 조언해준 편집자 에밀리 바리앙에게 감사한다.

학교에서의 집중력 개선 프로젝트팀과 프로젝트를 지원한 국립연구지원청(ANR), 프로젝트에 의욕적으로 참여해준 교사진에 감사한다. 이들은 수많은 학생을 대상으로 이 프로젝트를 검증함으로써 이 책에 적합한 형식과 언어를 찾는 데 큰 도움을 주었다.

우리 프로젝트와 이 만화를 위해 자기 시간을 아낌없이 쏟아부은 록산 우아예에게 특히 감사의 마음을 전하고 싶다. 필리프 카안, 올리비에 베르트랑, 바니아 에르비용, 그 밖의 우리 연구소 동료들은 연구소장이라는 사람이 "이것도 연구야"라면서(물론 나는 진심으로 그렇게 생각했다) 만화만 그리고 앉아 있는 동안 인상 한번 찡그리지 않았다.

우리집 똥강아지 세 마리는 아직 아빠가 무슨 일을 하는지도 잘 모르지만, 이 아이들 덕분에 5~15세 독자에게 적합한 문체를 찾을 수 있었다.

마르크에게 그리움을 담아 윙크를 보낸다. 나는 중학교 때 이 친구와 함께 처음으로 ('다람쥐 스니피의 모험'이라는 제목의) 만화를 만들어서 친구들에게 1프랑씩 받고 팔았다.

그리고 지금 이 시각에도 아이들 생활통지표에 "집중력 요함", "산만한 태도 개선 요망"이라고 기록하고 있을 프랑스 교사들과 다른 나라의 교사들에게 크나큰 감사를 표한다. 그분들이 있기에 나는 이 책을 만들어야겠다는 생각을 할 수 있었다.

시몬 베유의 번역자로서 "피곤하지 않은 상태로 집중해서 20분 공부하는 것이 눈썹에 힘주고 세 시간을 버티고 나서 의무를 다했다는 기분으로 '나 열심히 공부했어!'라고 말하는 것보다 훨씬 낫다"라는 제사가 반가웠다. 베유의 글에서 그다음 이어지는 논지도 어렴풋이 기억이 났다. 그 글은 집중이란 자기 생각을 유예하고 집중의 대상이 침투할 수 있도록 자리를 비워주는 것이라고, 일부러 찾고 채우기보다는 비우고 기다리기가 더 중요하다고 말하고 있었다.

그러나 아이와 어른을 막론하고 현대인의 정신세계에서 비움과 기다림은 희박하기 그지없다. 빛과 소리, 신호와 요청은 쉴 새 없이 정신의 옆구리를 찌른다. 우리는 이 지속적인 주의력의 이동에 인이 박인 나머지 공백 상태에서의 기다림을 거의 상상조차 할 수 없게 되었다. 조금이라도 시간이 나면 스마트폰을 만지작거려야 하고, 태블릿을 켜야 하고, 게임을 해야 한다. 무슨 일을 하든지 배경음악이나 동영상을 틀어놓지 않으면 뭔가 허한 느낌이 든다. 화면을 들여다보면서 밥을 먹는다든가, 오디오북을 들으면서 요리를 한다든가 하는 정도는 이제 멀티태스킹 축에 끼지도 않는다.

프랑스 국립보건의학연구소 산하 인지신경과학연구소 소속 뇌과학자인 저자는 "집중은 배울 수 있는 것이다"라는 메시지를 대중에게 전하기 위해 오랫동안 집필과 강연 활동에 힘써왔다. 그는 특히 학교에서의 집중력 개선(Attentif à l'école)이라는 연구프로그램을 2년간 진행하고 "주의력의 균형감각을 배우기에는 너무 이른 나이도 없고 너무 늦은 나이도 없다"는 결론을 얻었다. 저자는 이 결론을 교사, 학부모, 학생 들에게 공유하기 위해 다방면으로 노력을 펼쳤는데, 그중에서도 유치원생, 초등학생, 중학생(만 5~15세)도 충분히 이해할 수 있는 만화를 활용한 이 책은 프랑스에서 10만 부 이상 팔리면서 대중적인 성공을 거두었다. (심지어 이 뇌과학자는 만화도 직접 그렸다!)

저자는 우리 뇌의 뉴런들이 담당하는 역할을 설명하면서, 왜 연필과 종이를 보기만 했는데 어느새 낙서를 하고 있는지, 왜 문 열리는 소리를 들었을 뿐인데 몸이 자동으로 돌아가 있는지, 왜 게임을 하다 보면 식음을 전폐하고 그것만 하게 되는지, 왜 주의력이 필요한 일 두 가지를 동시에 할 수 없는지 등을 알기 쉽게 설명한다. 그리고 실질적으로 우리가 어떤 일을 해내면서 주의력을 유지하는 팁들도 이해하기 쉬운 비유를 들어서 가르쳐준다. 구체적으로 주의력의 균형감각은 평균대 건너기, 자전거 타기에 비유되고, 어떤 과제를 하위과제들로 쪼개어 처리하는 요령은 맥시미와 미니미의 관계로 설명되며, 심상을 떠올리고 활용하는 훈련은 자기만의 영화관 혹은 나만 들을 수 있는 목소리의 비유로 설명된다. 저자가 실제로 자신의 세 자녀에게 보여주기 위해 만화를 그렸고 아이들의 눈높이에 맞게 설명하려고 애썼기 때문에 이 책이 그토록 폭넓은 사랑을 받을 수 있었던 것 같다.

　세상 부모 마음은 다 비슷하지 않을까. 나 역시 번역을 마치자마자 얼른 이 책을 우리 집 중학생에게 보여줬으면 좋겠다고 생각했다. 양질의 집중력은 당사자에게 제일 득이 된다. 득이 된다고 말하는 이유는, 공부나 일을 더 잘할 수 있다거나 부모, 교사, 직장 상사가 좋아한다거나 해서가 아니다. 그런 것들은 부차적이고 결과 지향적이다. 저자도 재차 강조하듯이, 집중해서 하는 일이 훨씬 더 재미있다. 재미있는 일에 집중이 잘 된다는 말도 맞지만, 똑같은 일이라도 집중해서 하면 그렇지 못할 때보다 쉽고 재미있다. 자기가 하는 일이나 공부가 재미없다면 인생의 큰 부분을 놓치는 것이다.
　부모가 집중력을 선물처럼 번듯한 형태로 안겨줄 수는 없지만, 적어도 아이가 집중력의 중요성을 깨닫고 자기 자신을 다잡아볼 수 있도록 계기는 마련해줘야 하지 않을까. 이 책이 많은 부모와 자녀에게 그런 계기가 될 수 있기를 바란다.

이세진

아이가 집중하기 시작했다

1판 1쇄	2020년 1월 15일
1판 3쇄	2022년 10월 20일

지은이	장필리프 라쇼
옮긴이	이세진
펴낸이	김정순
편집	허정은 허영수
디자인	김진영
마케팅	이보민 양혜림

펴낸곳	(주)북하우스 퍼블리셔스
출판등록	1997년 9월 23일 제406-2003-055호
주소	04043 서울시 마포구 양화로 12길 16-9(서교동 북앤빌딩)
전자우편	editor@bookhouse.co.kr
홈페이지	www.bookhouse.co.kr
전화번호	02-3144-3123
팩스	02-3144-3121

ISBN	979-11-6405-051-2 03370